JN301371

Q&A
相続税の
申告・調査・手続相談事例集

税理士
安部和彦［著］

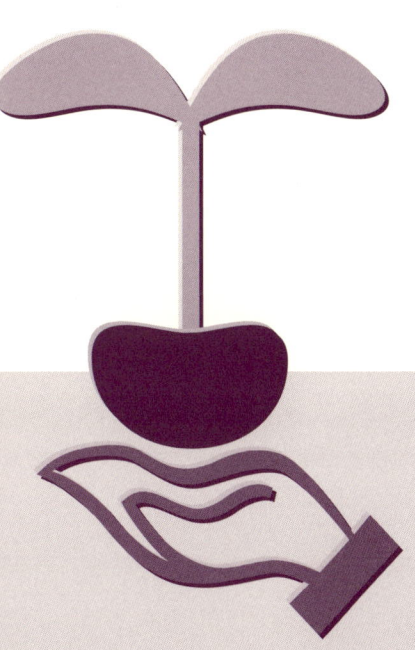

税務経理協会

は じ め に

　わが国では昨年夏に政権交代が起こり，民主党中心の連立政権の下，政治的意思決定の仕組みが大幅に変わりつつあります。民主党中心の連立政権最初の税制改正論議も全体としては政治主導の色彩が濃くなりましたが，相続税関連の改正事項は，定期金に関する権利の評価や小規模宅地等の特例の見直しなど小幅にとどまり，相続税と贈与税の一元化や課税方式の見直し，基礎控除額の引き下げといった「重量級の」改正事項は，今年度以降に持ち越されました。

　本書は筆者が納税者から実際に受けた相続税に関する相談を基に，重要と思われる事項をまとめた事例集です。相続税の相談と言っても，単に相続税をいかに節税するのか，納税資金対策をどう行うのかという相談のみ受けているわけではありません。これまでの経験から，相続を円滑に進めるための心構え，遺言対策，相続開始後の具体的な手続きや届出とその手順といった，税金とは直接関係ない事項に相談者がいかに頭を悩ませているのかということに気付かされました。そういった質問に答えることは本来の税理士業務ではないかもしれませんが，それらにもある程度満足のいく答えが出せないと，相続税を扱う税理士としては半人前ということなのかもしれません。本書では相続にまつわる税金以外の相談事項についても紙面を割いています。

　また，各質問事項は他の質問事項とも相互に関連しています。文中に適宜参照すべき問答を示していますので，そちらをもご覧になり理解を深めていただければと思います。

　さらに，税理士の世界も医師・弁護士や他の士業と同様に，専門化の波が押し寄せています。相続税（資産税）は特殊性が強く，専門特化しないと顧客のニーズに応えられないという税理士の声もよく聞こえてきます。筆者もその主張に半分頷くものの，実際の相談事例や実務をこなす中で，半分は「ちょっと違うのではないか」という考えにも幾分傾いています。そう考えるのは第一に，相続税の実務をこなすには，民法や不動産関連法規，不動産評価実務といった

隣接法規等にもある程度通じていなければならないためです。相続税法や財産評価通達に精通するだけでは不十分ということです。第二に，非上場株式の株価（評価）対策とはすなわち法人税の節税対策につながることであるため，法人税にも精通していないと有効な対策は打ち出せないためです。法人税や所得税（特に事業所得，不動産所得及び譲渡所得）に関する十分な知識と経験がないと，事業承継対策は不十分なものとなるでしょう。第三に，相続税に専門特化する税理士は，とかく相続税の節税対策に注力するあまり，被相続人や相続人が本来望む円滑な相続・事業承継とはかけ離れた相続プランを提案しがちであるためです。税理士といえども，節税対策は二の次三の次と考える懐の深さがないと，顧客のニーズに的確に応えられるよき相続アドバイザーたり得ないということが言えそうです。

　顧客のニーズに応えられる優れた相続税のアドバイザーは，相続税に精通しているのは勿論のこと，それと関連する法令や事務手続きにもある程度の知識と経験があるジェネラリストであることが望ましいということになると思います。筆者は知識・経験ともまだまだ不足しておりますが，そのような者を目指しつつ，これまでのささやかな成果を本書にまとめてみました。相続と相続税対策を検討中の富裕層やそれらの方々をサポートする税理士や公認会計士といった専門家の実務に少しでもお役にたてば，筆者の望外の喜びとするところです。

　最後になりましたが，本書の出版に多大なご尽力をいただきました税務経理協会の大川晋一郎さんに厚く御礼を申し上げます。

平成22年9月

和彩総合事務所代表社員
税理士　安部　和彦

―― 凡 例 ――

通法	国税通則法
法法	法人税法
法令	法人税法施行令
法規	法人税法施行規則
法基通	法人税基本通達
所法	所得税法
所令	所得税法施行令
所基通	所得税基本通達
相法	相続税法
相令	相続税法施行令
相基通	相続税法基本通達
評基通	財産評価基本通達
消法	消費税法
消基通	消費税法基本通達
措法	租税特別措置法
措令	租税特別措置法施行令
措通	租税特別措置法通達

・本書の内容は平成22年9月1日現在の法令，通達によっています。

目　次

はじめに

Ⅰ　相続発生から相続税申告までの実務

- Q1　「相続発生から相続税申告までの流れはどうなっている？」………2
- Q2　「相続が発生したらまず何をする？」………………………………5
- Q3　「葬儀のスケジュールはどうなっている？」………………………10
- Q4　「遺言の執行は誰が行う？」…………………………………………13
- Q5　「相続が発生し銀行預金の引き出しが停止された場合，葬式費用はどうする？」………………………………………………………15
- Q6　「戸籍謄本や印鑑証明は誰のものが必要？」………………………18
- Q7　「戒名は生前に用意すべき？」………………………………………21
- Q8　「祭祀財産の承継はどう行う？」……………………………………23
- Q9　「遺言書が見つかったらどうすればいい？」………………………25
- Q10　「連帯保証債務も相続しなければならない？」……………………27
- Q11　「遺産分割協議書の作成方法は？」…………………………………29
- Q12　「相続税申告時までに分割協議が調わなかった場合の申告はどうする？」……………………………………………………………32
- Q13　「相続を『争続』にしないために留意すべき事項は？」…………34
- Q14　「遺産が未分割の場合どのようなデメリットがある？」…………36
- Q15　「兄弟を遺産分割協議に参加させたくないが，何かいい方法はある？」……………………………………………………………39

- Q16 「相続に関する専門的な相談は誰にすればよい？」……………41
- Q17 「代償分割はどういうときに行う？」……………………………45
- Q18 「換価分割はどういうときに行う？」……………………………48
- Q19 「被相続人の所得については申告する必要がある？」…………51
- Q20 「相続税申告までにかかる諸経費をいくら見積もればよい？」……54
- Q21 「相続税の申告を税理士に依頼する場合，何に注意すべき？」……56

Ⅱ 相続発生前から始める相続税節税対策

- Q22 「相続税の節税対策はそもそも必要？」…………………………60
- Q23 「相続税が課されないと見込まれる場合，相続対策は不要？」……63
- Q24 「連年贈与とは？」…………………………………………………65
- Q25 「相続時精算課税制度とは？」……………………………………67
- Q26 「遺言書作成に当たり留意すべき事項は？」……………………69
- Q27 「自筆による遺言と，秘密証書遺言，公正証書による遺言のいずれがよい？」……………………………………………………71
- Q28 「生命保険に加入するメリットは？」……………………………75
- Q29 「生命保険に加入する際留意すべきことは？」…………………78
- Q30 「節税目的の養子縁組は有効？」…………………………………81
- Q31 「相続税の納税資金はどう準備する？」…………………………83
- Q32 「共同相続人の連帯納付義務とは？」……………………………87
- Q33 「相続の際不動産の共有は避けるべき？」………………………89
- Q34 「更正の請求はどういうときに行う？」…………………………91
- Q35 「更正の請求の期限が途過した場合にはどうする？」…………94
- Q36 「成年後見制度とは？」……………………………………………96

目　次

- Q 37　「成年後見制度は相続税節税対策のネックとなり得る？」………101
- Q 38　「第二次相続を考慮した相続税対策とは？」………………………103
- Q 39　「グループ法人税制を利用した相続税対策とは？」………………107
- Q 40　「相続と遺贈とは何が違う？」………………………………………110
- Q 41　「葬儀費用は誰が負担すべき？」……………………………………112
- Q 42　「遺産分割協議をやり直した場合の課税は？」……………………115
- Q 43　「小規模宅地等の特例が縮小されたと聞きましたが？」…………118

Ⅲ　ケース別　相続実務と相続税の相談事例

1　サラリーマン家庭のケース

- Q 44　「法定相続分と遺留分はどう決まる？」……………………………124
- Q 45　「海外にある財産も申告する必要がある？」………………………126
- Q 46　「相続財産に農地があった場合どうする？」………………………129
- Q 47　「サラリーマン家庭でも利用できる節税策は？」…………………131
- Q 48　「領収書のない法要代や戒名料，住宅ローンの残高は債務
　　　　控除できる？」……………………………………………………135
- Q 49　「形見分けされた遺品は相続財産に含まれる？」…………………137
- Q 50　「遺言の内容と異なる遺産分割は可能か？」………………………139
- Q 51　「遺留分減殺請求に関し留意すべき事項は？」……………………141
- Q 52　「おひとりさまの場合死後その財産はどうなる？」………………144
- Q 53　「財産をＮＰＯ法人に寄附した時の課税は？」……………………146
- Q 54　「葬儀はなるべく簡素に行いたいが，親族の反対をどう説得
　　　　すべきか？」…………………………………………………………149
- Q 55　「認知症を発症した相続人は遺産分割協議に参加できるか？」……152

3

- Q56 「節税以外の目的でも相続時精算課税制度は有効?」……………154
- Q57 「住宅資金の贈与は優遇されていると聞きましたが?」…………156
- Q58 「按分割合の調整をした方がいいときとは?」……………………159
- Q59 「代償分割の場合,有利な計算方法があると聞きましたが?」……166
- Q60 「再婚同士の夫婦が相続に当たり留意すべき点は?」……………169
- Q61 「配偶者の税額軽減を最大限に生かすには?」……………………173

2 企業オーナーと医師・歯科医師のケース

- Q62 「個人事業と法人とで事業承継がやりやすいのはどちら?」………176
- Q63 「資本政策とは?」……………………………………………………179
- Q64 「経営承継円滑化法とは?」…………………………………………181
- Q65 「非上場株式等に係る相続税及び贈与税の納税猶予制度を利用する際留意すべき事項は?」……………………………183
- Q66 「資産管理会社は必要か?」…………………………………………185
- Q67 「節税対策としてアパート建設は必須?」…………………………189
- Q68 「借入金は節税対策になる?」………………………………………192
- Q69 「豪華な社葬は税務上損金に算入される?」………………………195
- Q70 「過去に事業用資産の買換えの特例の適用を受けた場合の留意点は?」……………………………………………………197
- Q71 「事業承継対策として相続時精算課税制度を利用する際の留意点は?」………………………………………………………200
- Q72 「事業承継対策として医療法人化する必要はあるか?」…………202
- Q73 「相続人に医師がいない場合の事業承継は?」……………………205
- Q74 「医療法人にも贈与税及び相続税の納税猶予制度の適用はある?」…………………………………………………………207

目　次

- Q75 「医療法人の理事長に対する退職金の適正水準は？」……………208
- Q76 「出資持分ありの社団医療法人をこれから設立することは不可能？」……………………………………………………………211
- Q77 「医療法人のＭ＆Ａを実行するうえで留意すべき事項は？」………213

Ⅳ　相続税調査の実際と対応策

- Q78 「相続税の調査はどのくらいの確率で受けるものか？」……………218
- Q79 「サラリーマン家庭でも税務調査を受ける？」………………………220
- Q80 「相続税調査対策は相続開始前から始まっている？」………………223
- Q81 「税務調査では名義預金が必ず調べられると聞くが？」……………225
- Q82 「税務署から求められた『相続財産以外の所有財産』は提出しなければならない？」……………………………………………228
- Q83 「任意調査である税務調査は拒否できるか？」………………………230
- Q84 「海外にある資産は調査できない？」…………………………………232
- Q85 「修正申告の慫慂（しょうよう）には応じなければならない？」…235
- Q86 「贈与税の調査は行われる？」…………………………………………238
- Q87 「不動産鑑定士の鑑定評価を税務署は無視できる？」………………240

索　引……………………………………………………………………………243

I

相続発生から相続税申告までの実務

Q1「相続発生から相続税申告までの流れはどうなっている？」

相続発生から相続税申告までの流れはどうなっているのか，大きな流れをつかみたいので，一連の流れについて教えてください。

 相続手続きの一連の流れについては，概ね以下のとおりとなります。

1. 被相続人の死亡・相続手続きの開始
2. 死亡届の提出（市区町村役場）　← 7日以内（戸籍法86）
3. 遺言書・相続人等の確認
4. 相続財産の確認・相続放棄等の決定　← 3か月以内（民法915）
5. 被相続人の準確定申告書の提出（税務署）　← 4か月以内（所法124，125）
6. 遺産分割の協議
7. 遺産分割協議書の作成
8. 相続財産の名義変更・移転登記
9. 相続税の申告と納付（税務署）　← 10か月以内（相法27）

* その他の期限として，以下が重要である。
　① 遺留分減殺請求権の時効　　1年間（除斥期間10年，民法1042）
　② 死亡保険金の請求期限　　原則3年以内（保険会社の約款による）
　③ 「経営承継円滑化法」における経済産業大臣への認定申請　　8か月以内

I 相続発生から相続税申告までの実務 Q1

各手続きの要点は以下のとおりです。

1.について

金融機関や保険会社へもできるだけ早く連絡しましょう。連絡後は被相続人の銀行預金等が封鎖（凍結）され，引き出しは一時ストップします。併せて公共料金の名義変更も行いましょう。

2.について

被相続人の本籍地，死亡地又は届出人の現住所地の市区町村役場に，死亡診断書又は死体検案書とともに提出します。

3.について

自筆の遺言書は家庭裁判所で開封し検認します。公正証書の場合は裁判所の検認を受ける必要はありません。また遺産を相続する人の確認ですが，通常戸籍の確認で十分ですが，遺言で法定相続人以外に遺産を相続させる場合や，音信不通・行方不明となっている法定相続人がいる場合には，所在や意思の確認が困難となるケースもありますので，ご注意ください。

また，四十九日の法要が終わった段階で一段落がつくかと思いますので，相続財産に関する資料収集を始めましょう。

4.について

相続財産のリストを作成します。その際，借金等の負債も漏れなくリストアップしましょう。負債の金額が多い場合，限定承認（相続財産を超える債務は負わない）又は相続放棄を検討しましょう。限定承認又は相続の放棄を行う場合には，相続開始の日から3か月以内に家庭裁判所で所定の手続きを行う必要があります。なお，3か月では相続財産の調査が無理な場合には，裁判所の許可を得て，その期間を延長することもできます。

5.について

企業のオーナーや自営業者，医師として働いていた被相続人であれば，その年度の所得について申告を行う必要があります。これを準確定申告と言い，通常の確定申告とは異なり，相続開始の日から4か月以内に行うことになります（Q19 参照）。なお，準確定申告の結果税額が生じた場合には，その税額は相続

税の申告の際債務控除の対象となります（相法14②，相令3）。

6．について

遺言書があればその内容に従って遺産を分割します。その際，相続人の中に遺留分に満たない財産しか相続できない者がいる場合には，その者は相続開始の日から1年以内であれば遺留分の減殺請求権を行使することができます。遺言書がなければ，相続人全員で遺産分割協議を行います。分割の協議が調わない場合には，家庭裁判所の調停ないし審判を受けることになります。

仮に未分割のまま相続税の申告期限を迎えた場合，配偶者の税額軽減の特例や小規模宅地等の特例が受けられず，支払税額が増額することもありますので，ご注意ください（**Q14**参照）。なお，申告期限後3年以内に分割協議がまとまれば，更正の請求によりこれらの特例の適用を受けることができます。

7．について

相続人全員で行った遺産分割協議の結果まとまった内容は，遺産分割協議書で明らかにします（**Q11**参照）。

8．について

遺言書又は遺産分割協議書に基づき，相続財産の名義変更や不動産の移転登記を行います。封鎖（凍結）された被相続人の預金は，相続人であっても，遺産分割協議書等が揃わないと引き出すことはできません。

9．について

相続財産の価格が基礎控除以下であれば相続税の申告は必要ありません。ただし，小規模宅地の特例等を利用した結果相続税の納税額が生じない場合には，その特例等を利用した旨の申告が必要になります。

なお，被相続人の死亡にあたり当面すべき事務手続きについては，次問で解説します。

「相続が発生したらまず何をする？」

　私の父はある企業に勤めるサラリーマンでしたが、先日会議中にくも膜下出血で倒れ、そのまま亡くなってしまいました。あまりに突然のことで母も私も呆然とし、ただ悲しみにくれるだけで暫く何もできずにいました。幸い、葬儀等は父の会社の人が取り仕切ってくださったので滞りなく済ませることができましたが、初七日の法要も終わり、さすがにいつまでも何もしないわけにはいかないと思い直しました。ところが、何分初めての経験なので、何から手をつけたらよいのか皆目見当がつきません。今後予想される事務手続き等についてご教示ください。

　A　突然の訃報に接し、さぞやお力落としのことと思います。そんな中、お亡くなりになった方の残務整理や相続に関する諸手続きを滞りなく処理するのは大変なことではありますが、どうか力を振り絞って着実にこなしていかれることを祈念しております。
　さて、当面必要な具体的な作業ですが、以下のような事項が挙げられると思います。

(1) 死亡届の提出

　人が死亡した場合、戸籍法で7日以内に、同居親族などが被相続人の本籍地、死亡地又は届出人の現住所地の市区町村役場（戸籍係）に、死亡診断書又は死体検案書とともに提出することになっています。この死亡届を提出しないと、火葬に必要な「死体（胎）埋・火葬許可証」が発行されませんので、火葬のスケジュールから逆算して早めに提出することになると思われます。実務的には、葬儀を葬儀会社に依頼する場合、これらの手続きを葬儀会社が代行することが多いようです。

また，死亡届を提出すれば住民票から亡くなった方の名前が抹消されます。印鑑登録も同様です。亡くなった方が世帯主の場合には，世帯主も変更します。

なお，死亡届は市区町村役場（戸籍係）で夜間や休日でも受付を行っています。

(2) 健康保険

健康保険の被保険者の場合には，埋葬料として被保険者の標準報酬月額相当額が遺族に支給されます。国民健康保険の場合も，葬祭費として同様の規定に基づき金銭（5万円程度）が支払われます。

(3) 厚生年金等
① 遺族年金

厚生年金の被保険者又は被保険者だった方が亡くなった場合には，その遺族に遺族厚生年金が支給されます。さらに，その遺族が一定の子（18歳未満又は障害がある場合）のある妻である場合には，併せて遺族基礎年金が支給されます。

年金の種類	金　額
遺族厚生年金	死亡された方の老齢厚生年金の額の4分の3 ＊　40歳以上65歳未満の一定の妻には中高齢の加算がある
遺族基礎年金（国民年金）	792,100円（平成21年度）＋子の加算＊ ＊　第1子・第2子：各227,900円 　　第3子以降：各75,900円

(注)　自営業者のような国民年金第1号被保険者の場合，その遺族は遺族厚生年金を受給できない。また遺族基礎年金は子のある妻が対象であるが，子のいない妻で一定の要件を満たした場合には，60歳から64歳までの間，死亡した者の老齢基礎年金の4分の3の額の寡婦年金が支給される。また，死亡一時金が支給される場合があるが，寡婦年金との併給はできない。

② 死亡届

また，年金を受給されている方が亡くなった場合には，遺族の方などが速やかに「年金受給権者死亡届出書（死亡届）」に年金証書及び死亡の事実を明らかにできる書類（戸籍抄本・死亡診断書など）を添えて，最寄りの年金事務所又は

年金相談センターに提出しなければなりません。

　③　未支給年金

　一方で、年金は死亡した月の分まで支払われるため、死亡した方に支払われるはずの年金が未だ支給されていない（未支給年金がある）場合には、「未支給年金・保険給付請求書」に戸籍謄本、年金受給者と請求者（遺族）が生計を一にしていたことが分かる書類を添付して、最寄りの年金事務所又は年金相談センターに提出すれば、遺族に未支給年金が支払われます。

　なお、医師の死亡診断書は、上記(1)の死亡届の提出時のみならず、遺族年金や死亡保険金の請求にも必要ですので、予め必要部数を発行してもらうようにした方がいいでしょう。

(4) 労災保険

　①　葬祭料

　死亡原因が業務上や通勤途上の事故の場合、健康保険からではなく労災保険から葬祭料が支払われます。葬祭料（通勤途上の事故の場合は葬祭給付）の請求については、葬祭料（葬祭給付）請求書に死亡診断書又は死体検案書を添付して所轄の労働基準監督署に提出します。保険給付額は給付基礎日額*の30日分に31.5万円を加算した金額又は給付基礎日額の60日分のいずれか多い金額です。

　なお、葬祭料の時効は死亡の時から2年ですので、忘れずに手続きを行ってください。

　②　遺族年金

　死亡原因が業務上や通勤途上の事故の場合、労災保険から遺族に対して年金が支払われます。給付の内容は遺族の数によって異なります。遺族年金の請求については、遺族補償年金支給請求書又は遺族年金支給請求書（通勤災害の場合）に死亡診断書又は死体検案書や戸籍謄本等を添付して所轄の労働基準監督署に提出します。

　なお、遺族年金の時効は死亡の時から5年です。

○労災保険から支給される遺族年金

遺族数	遺族（補償）年金	遺族特別支給金 （一時金）	遺族特別年金
1人	給付基礎日額＊の153日分（ただし，その遺族が55歳以上の妻又は一定の障害状態にある妻の場合給付基礎日額の175日分）	300万円	算定基礎日額＊の153日分（ただし，その遺族が55歳以上の妻又は一定の障害状態にある妻の場合給付基礎日額の175日分）
2人	給付基礎日額の201日分		算定基礎日額の201日分
3人	給付基礎日額の223日分		算定基礎日額の223日分
4人以上	給付基礎日額の245日分		算定基礎日額の245日分

（注1）　給付基礎日額：災害発生時直前の過去3か月の総賃金を総日数で割った金額
（注2）　算定基礎日額：災害発生の日以前1年間の賞与の総額を365で割った金額
（出典）　厚生労働省「労災保険　遺族（補償）給付葬祭料（葬祭給付）の請求手続」

③　遺族一時金

　労働者の遺族が②の遺族（補償）年金を受けられない場合や，受けられる場合であっても，その額と遺族（補償）年金前払一時金＊の合計額が給付基礎日額の1,000日分に満たない場合，遺族（補償）一時金が支払われます。

　　（注）　遺族（補償）年金を受給することとなった遺族は，一回に限り，年金の前払いを受けられますが，これを遺族（補償）年金前払一時金といいます。

(5)　金融機関への死亡届の提出

　金融機関への死亡届の提出により，被相続人名義の預貯金の封鎖（凍結）が行われます。それにより，当該預貯金からの入出金はできなくなります。公共料金の引き落とし口座が被相続人名義の口座の場合，引き落としができなくなりますので，早急に公共料金についても名義変更を行いましょう。

(6)　クレジットカードなどの解約

　不正利用等を防止するため，クレジットカード会社に連絡し，クレジット機

能を即時停止してもらいましょう。引落口座が被相続人名義の場合，凍結により引き落としができませんので，既使用分は銀行振込等で支払うことになります。

(7) 自動車の名義変更

自動車の所有者が死亡した場合，管轄の陸運支局において相続人に対する名義変更手続きを行います。法定相続人以外の第三者に所有権が移転する場合には，一旦法定相続人の代表者に名義が移り，その後法定相続人の代表者から第三者に名義が移転するというように，書類上は二段階の手続き（実務上は一度に手続きすることが可能）が必要となります。また，同時に自動車税の申告が必要になります。

廃車する場合には，永久抹消登録（同時に自動車税の申告も）を行うことになります。

(8) 死亡保険金の請求

加入していた生命保険会社に連絡して手続きを行います。以前保険金の支払い漏れがマスコミを賑わしましたが，特約部分も忘れずに請求するようにしましょう。死亡保険金の請求期限は，保険会社の約款によりますが，平成22年4月以降は原則3年以内です。

住宅ローンがある場合，団体信用生命保険に加入しているときは，ローンの残額を保険金で完済することになります。

郵便局の簡易保険についても，受給手続きを忘れずにしましょう。請求期限は死後5年以内です。

(9) 運転免許証等の返却

運転免許証やパスポート，介護保険被保険者証，健康保険証，年金手帳等も速やかに返却しましょう。

Q3 「葬儀のスケジュールはどうなっている？」

　知り合いのお父さんが先日亡くなりましたが，突然のことだったので，葬儀等の手続きは病院出入りの葬儀会社にすべて任せきりにしてしまったそうです。その方は，後でよく考えてみると，その葬儀業者は碌に説明もせず様々な費用を請求してきたので，本当にあれでよかったのか後悔の念が募ると嘆いていました。私にも高齢の両親がおり，そう遠くない将来に葬儀を執り行うこととなると思いますが，知り合いのような後悔はしたくないため，今からある程度準備しておきたいと考えています。まずは葬儀についての基礎的な知識が必要だと思いますので，葬儀にはどのようなものがあり，いつ行うのか教えてください。

A　おっしゃるとおり，一般の人は喪主等として葬儀を取り仕切る経験は一生に一度あるかないかですので，経験豊富な葬儀業者に一任してしまいがちです。そうなると，葬儀に要する費用についてもブラックボックスになっている場合が多く，遺族にとってそれが不平不満の種になり，トラブルに発展するケースもよく耳にします。とは言え，亡くなる前から葬儀の準備をするということも，早く死ぬことを期待していると誤解されかねず縁起が悪いので，なかなか行われていないのが現実です。

　以下では，病院で亡くなったケースを例に，葬儀（仏式）について標準的と考えられる流れを見ていきたいと思います。

Ⅰ 相続発生から相続税申告までの実務　Q3

<訃報の連絡>
　死亡が確定したら，訃報を連絡しなければなりません。連絡方法は原則として電話又は電報です。
　連絡先は故人の勤務先，親族，知人・友人などです。勤務先については人事部や直属の上司に連絡すべきでしょう。連絡の際には故人の名前・死亡時刻・連絡先を確実に伝えましょう。電話で連絡がつかない場合には，電報を用います。

⇩

<遺体の搬送>
　病院の霊安室に安置された遺体は，葬儀業者等により自宅又は斎場に移送してもらいます。遺体を霊安室に置ける時間は限られていますので，遺体を移送する業者は手際よく決める必要があります。なお，遺体を移送する業者に葬儀まで依頼しなければならないわけではありませんので，取りあえず病院出入りの業者に搬送だけ依頼するというのも手です。

⇩

<葬儀業者の決定>
　葬儀を家族だけですべて取り仕切るのは事実上不可能ですので，通常は葬儀業者に依頼することとなります。業者の選定には，口コミやネットでの検索，仲介業者を利用するといった方法がありますが，複数の業者から見積もりを取ると費用が抑えられる傾向にあります。

⇩

<葬儀の準備>
　まず葬儀場を決めます。自宅・業者のホール・菩提寺等適当な場所を選びましょう。
　次に喪主・通夜・告別式の日程を決めます。菩提寺があれば喪主が菩提寺と葬儀や戒名等の相談をします。
　葬儀にまつわる細々とした事務は葬儀業者に任せた方がいいでしょうが，任せきりだと費用が思いの外嵩むことがありますので，疑問を感じたら必要かどうかをよく確認した方がいいでしょう。

⇩

<通　夜>
　通夜の日程は通常，火葬（告別式と同日）の日程から逆算して決まることが多いでしょう。通夜は本来近親者が集まる儀式でしたが，最近では一般の弔問客は昼間に行われる告別式よりも夕方から営まれる通夜に参列するケースが増加しています。

⇩

<葬儀・告別式>
　通夜の翌日に一連の儀式として行われる葬儀・告別式ですが，本来は近親者に限定されるのが葬儀，故人の知人・友人等も参列するのが告別式です。

<火　葬>
　火葬場の管理者に火葬許可証を提出して火葬が行われます。火葬が終われば骨上げとなり，お骨を骨壷に納めています。
　火葬許可証に証明印を押してもらうと，それが埋葬許可証になります。

<初七日法要>
　火葬場から戻って，そのまま繰り上げ初七日法要を営むことがよく行われます。

<四十九日以降>
　四十九日で忌明けし，一周忌で喪が明け，以後，三回忌，七回忌，十三回忌，十七回忌，二十三回忌，二十七回忌と続き，三十三回忌で弔い上げとなります。その後五十回忌を行うこともあります。

「遺言の執行は誰が行う？」

亡くなった父親の遺品を片づけていたら，机の引き出しの中から遺言が見つかりました。このような場合，遺言の執行は誰が行うのでしょうか？

 被相続人が自分の意思を表明すべく生前に残した遺言ですので，それが適切に執行できることが重要です。遺言者の意図していた状態を実現するため，遺言の内容を実現する行為を行う人が遺言執行者です。

(1) 遺言執行者の意義

遺言執行者は通常遺言により指定されますが，遺言で執行者の指定を特定の者に委託する場合があります。遺言に遺言執行者が指定されていない場合には，利害関係人の請求により，家庭裁判所が選任します（民法1010）。遺言執行者がいないと遺言の執行ができないわけではありませんが，被相続人の生前に予め選任しておいた方が，その意思の円滑な実現につながる可能性が高いものと思われます。したがって，遺言執行者は被相続人の信頼の厚い人が就任（就職）するのが通常です。

なお，法的には，遺言執行者は相続人の代理人と位置付けられています（民法1015）。

(2) 遺言執行者になれる人

遺言執行者の資格には，無能力者（未成年者を含む）・破産者以外であれば，特に制限はありません。通常は弁護士が選ばれる場合が多いですが，税理士や司法書士，被相続人の友人，相続人のうちの長男が就職しても問題ありません。最近は信託銀行による遺言の管理・執行も利用されています（遺言信託）。

遺言執行者は複数選任されることもありますし，遺言の条項ごとにそれぞれ

の遺言執行者が選任されることもあります。また，遺言執行者は，報酬を受けることができます。

なお，遺言に遺言執行者が指定されていたとしても，指定者は遺言執行者に就職するかどうか自由に選ぶことができます。

(3) 遺言執行者の任務

遺言執行者は就職後，直ちに任務に取りかからなければならないとされています（民法1007）。遺言執行者は相続財産の管理その他遺言の執行に必要な一切の行為（相続財産目録を調整し相続人に交付すること（民法1011）など）をする義務を負い，またその権利を有します（民法1012）。

遺言執行者はまず，検認が必要な遺言について，家庭裁判所に検認の申立てをし，相続人等の立ち会いの下で開封します。次に遺言の有効性を確認し，その確認が取れ次第，財産目録を調整します。

遺言執行者がいる場合は，相続人は，相続財産の処分その他遺言の執行を妨げる行為はできません（民法1013）し，仮に相続人がそれを無視して勝手に相続財産を処分した場合は，当該行為は無効（絶対的に無効）であるとされています。

このように，遺言執行者は絶大な権限を有していると言えます。

I　相続発生から相続税申告までの実務　Q5

Q5

「相続が発生し銀行預金の引き出しが停止された場合，葬式費用はどうする？」

　父が病院で亡くなり，葬儀を病院出入りの葬儀会社に依頼しました。初七日の法要までつつがなく執り行われ，これから溜まっていた相続関係の事務手続きを行おうと考えています。親戚の叔父さんから「遺産分割の時もめる元だから，早く銀行に連絡して預金の引き出しをストップしてもらった方がいい」と言われ，父の引き出しに保管されていた通帳に基づきすべての金融機関に連絡しました。ところが，葬儀会社からの請求が本日来ましたが，生憎父の入院費用を支払ったため私自身にはもう持ち合わせがなく，どうやって支払ったらよいか，頭を悩ませています。どうすればよいでしょうか？

　お父様がお亡くなりになって，気が動転しているところ，慌ただしく葬儀を迎えられ，今ようやく一息をつかれたところかもしれません。そうなると，相続にまつわる事務手続きに加え，様々な支払いへの対応も迫られるところで，もうしばらくご辛抱いただければと思います。

(1)　銀行口座の凍結

　銀行は名義人の死亡を知った時点で，その口座を停止（凍結）する義務があります。そのため，親族から連絡があった時点で被相続人の口座は凍結され引き出しができなくなりますが，そのほかにも，上場企業の役員や著名な方で新聞に死亡広告が出る場合には，連絡がなくともその時点で凍結されることがあります。

　銀行口座が凍結されると，窓口でもキャッシュカードでも預金の引き出しはできません。また，その口座から他の口座への振込・振替もできません。その

ため，ご質問にあるように，銀行口座が凍結されて，入院費用や葬式代の支払いに難儀したという話もよく耳にします。

(2) 予め引き出しておく

そのような事態を回避するためには，相続人が相続発生後要する費用を見積もり，予め用意しておくのが最善の方法と言えます。

しかし，入院費用や葬式費用が多額になると，その費用を用意するのもなかなか難しいかもしれません。葬儀費用は香典等によりある程度賄える場合が多いですが，最近は家族葬や直葬が増加する傾向にあり，そうなると香典はあまり期待できないかもしれません。

その場合，特に入院費用については，被相続人の口座から予め必要額を引き出しておくという方法が考えられます。ただしこの場合，誰がいくら引き出すのか，相続人間での合意がないと，相続発生後の遺産分割協議等において相続人間の紛争の元となりかねませんので，ご注意ください。また，この引き出しによって得た現金は，あくまでも被相続人の相続財産の一部であり，相続税の申告の際含めなければならないことにご留意ください。

(3) 一定金額であれば引き出しも可能

凍結された口座であっても，金融機関によって異なりますが，概ね150万円程度までであれば引き出すことが可能となります。その場合，以下のような書類が必要になります。必要書類は金融機関により異なりますので，詳細は取引のある金融機関へお尋ねください。

① 被相続人の戸籍謄本又は除籍謄本（相続人の範囲が分かるもの）
② 相続人全員の戸籍謄本
③ 相続人全員の印鑑証明書
④ 被相続人の預金通帳・届出印・キャッシュカード　等

Ⅰ　相続発生から相続税申告までの実務　**Q5**

(4) 預貯金の名義変更

預貯金の名義変更には，一般に以下の書類が必要となります。

① 金融機関所定の相続に係る依頼書
② 遺産分割協議書
③ 相続人全員の戸籍謄本
④ 遺言書の写し
⑤ 相続人全員の印鑑証明書

　預貯金の名義変更をスムーズに進めるためには，なるべく口座のある支店の近くに住む相続人が口座を承継したり，名義預金は名義人である相続人が承継するといった方法を採ることが考えられます。その結果相続分にアンバランスが生じた場合には，代償金を支払うことで調整する方法があります。

Q6

「戸籍謄本や印鑑証明は誰のものが必要?」

相続発生後の各種手続きにおいて，戸籍謄本や印鑑証明が必要な場面が多いようですが，いつ，誰のものが必要なのか，教えてください。

A お尋ねの通り，相続発生後には，これまでの人生において経験したことのない数の戸籍謄本や印鑑証明書を眼にすることになります。その費用もばかになりませんが，手続きをスムーズに進めるためには必要ですので，多少余裕を持って取得しておくのが望ましいと言えます。

(1) 戸籍謄本と印鑑証明書が必要な手続き

以下の表のとおり，戸籍謄本と印鑑証明書が必要な手続きについてまとめてみました。戸籍謄本は手続きが終われば原本の返還が受けられるものもありますので，同時に行うものでなければ何度も使用することが可能な場合があります。下表を参考に必要部数を見積もってください。

○戸籍謄本と印鑑証明書が必要な相続手続き（例）

手続	戸籍謄本	印鑑証明書*
相続人の確定	被相続人の出生から死亡までの戸籍謄本（除籍謄本*・改製原戸籍謄本*）	－
遺言書の検認	① 申立人及び相続人全員分 ② 被相続人の出生から死亡までの戸籍謄本（除籍謄本・改製原戸籍謄本）	－
遺言執行者選任	① 申立人 ② 被相続人の出生から死亡までの戸籍謄本（除籍謄本・改製原戸籍謄本） ③ 遺言執行者候補者	－
相続放棄の申立	① 申立人	－

	② 被相続人の出生から死亡までの戸籍謄本 （除籍謄本・改製原戸籍謄本）	
限定承認の申立	① 申立人 ② 被相続人の出生から死亡までの戸籍謄本 （除籍謄本・改製原戸籍謄本）	－
遺産分割調停の申立	① 相続人全員分 ② 被相続人の出生から死亡までの戸籍謄本 （除籍謄本・改製原戸籍謄本）	－
不在者財産管理人選任の申立	① 申立人及び所在不明者 ② 財産管理人候補者	－
生命保険金の請求	保険金受取人	保険金受取人
預貯金の名義変更	① 相続人全員分 ② 被相続人の出生から死亡までの戸籍謄本 （除籍謄本・改製原戸籍謄本）	相続人全員分
不動産の名義変更	① 不動産を相続する者の分 ② 被相続人の出生から死亡までの戸籍謄本 （除籍謄本・改製原戸籍謄本）	相続人全員分
有価証券の名義変更	① 相続人全員分 ② 被相続人の出生から死亡までの戸籍謄本 （除籍謄本・改製原戸籍謄本）	相続人全員分
自動車の名義変更	① 相続人全員分 ② 被相続人の出生から死亡までの戸籍謄本 （除籍謄本・改製原戸籍謄本）	自動車相続人

（注1）　印鑑証明書は，通常発行日から3か月以内のものを求められます。
（注2）　除籍謄本とは，戸籍内のすべての者が婚姻や死亡によりいなくなった戸籍謄本をいいます。また，改製原戸籍謄本とは，戸籍の作り替え（改製）の前の戸籍謄本をいい，改製時に既に除籍されていた者の情報が改製後の戸籍謄本では漏れていることから必要となります。

(2) 戸籍謄本と印鑑証明書に関する留意事項

なお，戸籍謄本と印鑑証明に関し，二点ご留意いただきたい事項があります。
一点目は，相続手続きで必要なのは戸籍謄本であって，戸籍抄本（戸籍内容の一部事項を証明するもの）ではないということです。

二点目は，実印と印鑑証明書との関係です。各種法手続きにおいて，実印は印鑑証明書とセットで初めて実印として機能します。印鑑証明書が添付されていない「実印」は，その材質が象牙であろうが水晶であろうが，法的には「認印」と同等の扱いしか受けられません。

Ⅰ　相続発生から相続税申告までの実務　

「戒名は生前に用意すべき？」

　私は今年で古稀を迎えますが，最近大学時代の同期の訃報に接することが多くなりました。その中に，生前にお寺の住職から戒名をつけてもらい，遺言書にその旨を記した者がいました。私の理解では，戒名というものは，死後に菩提寺の僧侶から授かるものだと思っていましたので，その話は意外でかつ新鮮でした。私は平凡な人間ですので，「院殿号」のような高いランクの戒名を授かりたいと思っているわけではありませんが，そもそも戒名は生前に用意すべきなのでしょうか，それとも死後に授かるべきなのでしょうか？

　既に菩提寺をお持ちの場合には，基本的には，そこの住職と相談されるのがいいかと思います。ここでは，最近の戒名を巡る考え方を見ていきましょう。

(1)　戒名とは

　戒名は一般に，ある人が仏教徒になった証として，僧侶から授かる名前であると考えられています。生前は先祖の法要や墓参りを行うくらいで，仏教の特定の宗派の信者ではなかった人も，亡くなる時点で先祖代々の宗派の信徒となり，その証として戒名を授かるというものなのでしょう。ただし，出家した僧侶ではなく，一般の在家の信者を対象にした戒名というものは釈迦の教えではなく，また仏典にも根拠がなく，日本独自の制度であるという宗教学者の研究もあります（島田裕巳『増補新版　戒名』法藏館106-138頁）。

(2)　生前戒名

　人が仏教徒になった証として，戒名を授かるのであるとすれば，その意思表

示は当然生前に行われるものであろうし、その儀式（得度）も生前の行うことになるのが通常でしょう。そうであれば、戒名も生前に授かるのが自然の流れと考えられ、実際に仏教界も生前戒名を勧めているようです。しかし、わが国では、戒名はいわば死者への勲章と位置付けられており、生前立派な業績を残した方には、院殿号のようなランクの高い戒名を授けるべきだという共通認識が広まっているのかもしれません。そのため、生前戒名はあまり一般化していません。

(3) 戒名を自分でつける

ただ、最近は葬儀の多様化という流れの中で、生前に戒名を自分でつけてしまうという方もいるようです。一般の在家の信者を対象にした戒名というものは、釈迦の教えでもなくまた仏典にも根拠がないいわば「しきたり」に過ぎないこと、また、高い戒名料を支払ってまでそれほど親しいわけでもない僧侶から授かるのも気が引けるという考えから、自分でつけてしまおうということのようです。実は、戒名を僧侶以外につけてもらうというのは最近の風潮ではなく、森鷗外や幸田露伴は友人の戒名をつけています。

戒名は本人の業績や特徴をよく表したものが望ましいとすれば、本人のことをよく分かっている自分自身や友人、家族がつけるというのも理に適っているかもしれません。

Q8 「祭祀財産の承継はどう行う？」

先日亡くなった父親は本家の長男であるため，先祖代々の墓地や家系図，仏壇や位牌なども我々相続人が引き継ぐことになるようです。しかし，母は高齢で墓守は難しいですし，残った相続人である私たち姉妹はいずれも墓地から離れた土地に嫁いでいるため，このような祭祀財産をどう引き継ごうかと，正直言って途方に暮れています。私たちのような場合，祭祀財産の承継はどうすればよいのでしょうか？

A 少子高齢化，非婚化及び核家族化等の進行に伴い，特に都市部ではお尋ねのようなケースが増加しているようです。

(1) 祭祀財産の取扱い

戦後施行された民法は，家制度や家督相続制度を廃止するとともに，通常の相続財産から墓地，仏壇，位牌や家系図などの祭祀財産の承継を切り離し，祖先の祭祀を主宰すべき者に承継させることとして，別個の承継手続きを定めました（民法897）。これは一般に，わが国の伝統的な慣習等に照らすと，祭祀財産は一括で管理すべきもので，共同相続にはなじまず，もし他の財産と同様の扱いにすると，散逸や紛争の元になりかねないという政策的配慮からそうなったと解されています。

(2) 少子高齢化と祭祀の主宰

このように，祭祀財産の承継は，わが国の慣習と密接な関連があるわけですが，その慣習自体が近年大幅に変動しています。少子高齢化・非婚化の進行により，本家の跡取りが田舎を出てサラリーマンになり，住まいを都会に移してしまうケースや，子供が女性ばかりで皆嫁いでしまうケース，生涯独身のまま

子孫を残さないケースなどが珍しくなくなってきています。そのような場合には，遠隔地にある墓地の管理や田舎に住む親戚との付き合いを果たして誰が行うのか，話がまとまらず深刻な問題となっているケースも多いようです。

(3) 現代社会に即した祭祀主宰の在り方

　現代社会におけるこのような状況に対する一つの解決策，と言うより割りきりですが，本家・分家というような伝統的な家概念から自由になり，核家族単位でものを考えるという方法があるようです。それによれば，田舎の墓地については永代供養とし，核家族の方では新たな墓を造る（墓は造らないという考え方もあります）ということになります。改葬という考え方により，先祖の遺骨を自分の管理する墓に移すという方法も取られるようです。ただし，それを実行するに当たり，これまでの菩提寺・檀家との関係で，お寺側が難色を示したり，親族間での話がまとまらないケースもあるようです。

　祭祀の主宰の地位を承継し近隣に住んでいるにもかかわらず，碌に墓参りを行わない者も珍しくない中，質問者は先祖を敬慕する想いから，現実問題としてその墓をどう管理すべきか真剣に悩んでいるのだと思われます。誰かが祭祀の主宰者の地位を承継する必要があると思いますが，特定の人間に過大な負担をかけないという観点で，菩提寺や親族とよく話し合って解決策を探ってみてください。

(4) 祭祀の承継者を特別扱いできるか

　なお，祭祀財産の承継は通常の相続とは別ですので，祭祀の主宰者であるからと言って，その費用を賄うため通常の相続財産を多めに承継させるということは，法の考え方に合致しません。この原則に反するような遺言等を行うと，後々の相続争いの元になりかねませんので，遺言を作成する際にはご注意ください。

Q9

「遺言書が見つかったらどうすればいい？」

亡くなった母の四十九日の法要が終わったところで，相続人である三姉妹で遺産分割協議を行いました。十年前に父が亡くなって以来，母は自宅を処分して有料老人ホームに入っていたので，相続財産は預金と少しばかりの有価証券でした。長女である私と次女とで預金を半分ずつ，三女は有価証券をもらうことで協議はまとまりましたが，突然，母の妹（叔母）から「遺言書を預かっている」という連絡を受け，戸惑っています。その遺言書（自筆証書遺言）によれば，預金の半分は叔母に譲るとあり，私たち三姉妹は皆納得がいきません。遺言は叔母が母を騙して書かせたことさえ疑われますが，仮にその遺言が法的に有効なものだとした場合，遺言の存在を知らないでした遺産分割協議は無効になるのでしょうか？

A 相続人のうちに直系卑族（本件の場合，質問者を含む三姉妹）がいる場合には，被相続人の兄弟姉妹（本件の場合，叔母）には相続権がありません。したがって，遺言書がなければ，既に行った分割協議のまま三姉妹で遺産を相続することとなるわけですが，後で遺言書が見つかった場合どうなるのか，以下で見てみましょう。

(1) 遺言書と遺産分割協議の関係

遺言書は故人の最終の意思表示ですから，その内容は尊重されなければならないのが原則です。したがって，遺言の存在を知らないでした遺産分割協議は，遺言の内容に反する部分が無効となります。

ところが，遺言よりも相続人による遺産分割協議の方が優先する場合があります。それは，遺言の存在を知ったのち，相続人全員（遺贈がある場合，受遺者も含む）が合意して，遺言の内容に従わず遺産分割協議の内容により分割する

とした場合で，既に行った遺産分割協議は有効になります。ただし，相続人又は受遺者のうち一人でも異を唱える場合には，再分割の協議が必要になります。

(2) 遺言書が偽造された場合

一方，仮に見つかった遺言書が叔母によって偽造された場合には，相続欠格事由に該当し，叔母は相続権を失うとともに，遺贈も受けることができなくなります（民法891五，965）。

Q10

「連帯保証債務も相続しなければならない？」

亡くなった父親はほとんど財産を残さなかったのですが，最近，生前友人の借金に関し，連帯保証人となっていたことが判明しました。このような連帯保証人の地位は当然に相続するものなのでしょうか？

A 借金に関する保証は，通常連帯保証となるケースがほとんどです。連帯保証の場合は，通常の保証債務の場合に認められる「催告の抗弁権（主たる債務者に対して催告せよと求める権利）」及び「検索の抗弁権（主たる債務者の財産に対して執行すべきことを求める権利）」を持ちません。

(1) 連帯保証人の地位の承継

連帯保証人の地位も，他の財産と同様に，相続人が承認した場合には承継することとなります。ただし，債務の限度額や期間について定めのない連帯保証契約＊については，保証人の地位は特段の事情がない限り当初の連帯保証人限りとなり，連帯保証人の死亡後生じた債務については，相続人が承継するものではないとされています。

(注) 平成17年4月に改正された民法では，債務の限度額や期間について定めのない保証契約（包括根保証契約）は禁止されました。

(2) 相続人が複数いる場合

判例では，相続人が複数いる場合，各相続人は，法定相続分に応じて分割された額の債務を承継することとなり，その額について，他の連帯保証人と連帯して責任を負うこととなります。

(3) 相続の放棄

　主たる債務者が弁済不能な状態で，かつ保証債務の金額が財産（積極財産）の額を上回る場合には，相続を放棄することにより，連帯保証人の地位も承継しないことができます。ただし，相続の放棄については，原則として相続開始から3か月以内に申立を行う必要があります。

(4) 相続税法上の保証債務の取扱い

　保証債務や連帯債務は，それを承継した時点では偶発債務であり確実な債務ではないため，相続税法上一般に，債務控除が認められません。ただし，そのような連帯債務であっても，以下の要件を満たす場合には，「確実と認められる債務」として，相続税の課税財産から控除されます（相基通14－3(2)）。

　① 連帯債務者のうちで，債務控除を受けようとする者の負担すべき金額が明らかになっている場合には，その負担金額

　② 連帯債務者のうちに弁済不能の状態にある者（弁済不能者）がいて，かつ，求償して弁済を受ける見込みがなく，当該弁済不能者の負担部分についても負担しなければならない場合には，当該弁済不能者の負担部分の金額

Q11

「遺産分割協議書の作成方法は？」

父親が遺言書を残さず亡くなったので，母と長男の私，二男の弟及び九州に嫁いでいる長女の計4人で，遺産分割協議を行うこととなりました。妹には乳児がいるためこちらに出向いて協議を行うことが難しい状況です。そのような場合，遺産分割協議書はどのように作成すべきでしょうか？

A 被相続人が遺言書を残さず亡くなった場合，相続人全員で遺産分割協議を行い，その結果合意した内容を遺産分割協議書で文書化するのが通常です。そうすることで，後々の紛争が回避されることになります。

(1) 遺産分割協議書の意義

遺産分割の基準は，「遺産の分割は，遺産に属する物又は権利の種類及び性質，各相続人の年齢，職業，心身の状態及び生活の状況その他一切の事情を考慮してこれをする。」とされています（民法906）。この考え方に沿って遺産の分割を行うのが遺産分割協議です。

遺産分割協議書の作成は，法律で義務付けられているわけではなく，作成しないからと言って遺産分割協議そのものが無効になることもありません。しかし，口頭での合意の場合，とかく後で言った言わないの問題となり，当初の合意内容を後日検証するのは困難となりがちです。したがって，遺産分割協議の合意内容は，必ず遺産分割協議書で文書化しておくべきでしょう。

また，相続の手続きにおいても，以下のような場面において遺産分割協議書が必要になります。

① 不動産の所有権移転登記

相続財産の中に不動産がある場合，所有権移転登記の申請の際に，その原因を証する書類として遺産分割協議書が必要になります。

② 法定相続分と異なる相続税の申告を行う場合

法定相続分と異なる分割に基づく相続税の申告を行う場合にも，申告書に遺産分割協議書の添付が必要になります。

③ 銀 行 預 金

銀行により異なりますが，預金名義の変更の際にも，遺産分割協議書の提示を求められる場合があります。

(2) 遺産分割協議書の形式

遺産分割協議書には決まった様式がありませんが，概ね次頁のようなフォームで記載することになると思われます。

(3) 相続人のうちに遠隔地に居住する者がいる場合

遺産分割協議は，相続人全員が一堂に会し，話し合いを進めることが望ましいでしょう。しかし，お尋ねのケースのように，それが難しい場合には，電話やメール等で意思を確認し素案をまとめ，その内容の承認を得ることで遺産分割協議書を作成し，最終的に署名及び捺印を得るという方法もあろうかと思います。

○ 遺産分割協議書の様式例

遺産分割協議書

　平成○○年××月ＹＹ日鈴木一郎の死亡により，共同相続人である鈴木花子，鈴木太郎及び佐藤和子は，その相続財産について，協議の結果，次の通り遺産を分割し取得することを決定した。
1．相続人鈴木花子が取得する財産
　(1)　東京都渋谷区笹塚１丁目○番Ｘ号
　　　宅地　100平方メートル
　(2)　同所同番地　家屋番号○○番
　　　木造瓦葺弐階建　居宅　床面積80平方メートル
　(3)　上記居宅内にある家財道具一式
2．相続人鈴木太郎が取得する財産
　(1)　株式会社○○電力の株式　１万株
　(2)　△△銀行笹塚支店の被相続人鈴木一郎名義の定期預金（口座番号××××）全額
3．相続人佐藤和子が取得する財産
　(1)　□□電気株式会社の株式　５千株
　(2)　□□銀行新宿支店の被相続人鈴木一郎名義の定期預金（口座番号××××）全額
4．本協議書に記載がない遺産並びに後日判明した遺産は，相続人鈴木花子がすべてこれを取得する。

　上記のとおり遺産分割の協議が成立したので，これを証するため，本協議書を参通作成し，それぞれに署名及び実印により捺印して，各自壱通を保有する。

平成○○年△月□日
東京都渋谷区笹塚１丁目○番Ｘ号
鈴木花子　㊞
東京都杉並区和泉２丁目△番Ｙ号
鈴木太郎　㊞
埼玉県所沢市並木３丁目□番Ｚ号
佐藤和子　㊞

Q12

「相続税申告時までに分割協議が調わなかった場合の申告はどうする？」

先日父親が遺言書を残さずに亡くなりました。母は既に亡くなっているため，相続人は姉と長男である私，それから二男である弟の3人です。お恥ずかしいことですが，私たち兄弟は昔から仲が悪く，相続税の申告期限までに分割協議がまとまる可能性は限りなくゼロに近い状況です。このような場合，相続税の申告はどのように行うのでしょうか？

A 相続税申告時までに分割協議が調わなかった場合，相続税の申告に加え，所得税の申告についても注意が必要です。

(1) 未分割財産に係る相続税の申告

相続税の申告期限までに相続又は包括遺贈により取得した財産の全部又は一部が未分割の場合には，分割されていない部分の財産は，共同相続人又は包括受遺者が民法の規定による相続分（法定相続分，ただし寄与分は除く）又は包括遺贈の割合に従ってその財産を取得したものとみなして，その課税価格を計算するものとされています（相法55）。

なお，申告時において財産が未分割の場合のデメリットについては，**Q14** を参照のこと。

(2) 未分割財産に係る所得税の申告

未分割財産が賃貸不動産の場合等，未分割財産から収益が生じる場合には，相続財産について相続人全員の共有状態が継続するため，当該所得については法定相続分で按分した金額が，各相続人の申告すべき所得となります。

その後分割協議が調い，当該財産につき特定の相続人が承継することが確定

した場合には，その分割があった日の属する年分から，当該相続人の所得として期間按分することなく申告することとなります。民法上は遺産分割の効力は相続の開始の日まで遡及することとなりますが，所得税の申告実務上は，過去の申告を訂正する必要はありません。

Q13

「相続を『争続』にしないために留意すべき事項は？」

私は自分が創立した非上場企業の会長です。子供は2人おりますが、長男は経済学部を出た後、私の跡を継いで社長に収まっており、二男は法学部を出た後、商社に入って海外赴任しています。私のささやかな財産のうち、自分の会社の株式を含めた有価証券は当然長男に渡そうと考えておりますが、二男にもなにがしかの財産を残してやらねばならないかなと考えています。先日亡くなった同業他社のオーナー一族では、遺産相続を巡り深刻な対立があり、残された兄弟が絶縁状態になったと聞きます。相続が「争族」にならないようにするには、どのような点に気をつければよいですか？

A 相続を巡る骨肉の争いは、企業オーナー一族に限らず、親にまとまった財産がある場合にはどこでも起こる可能性のある厄介な問題です。実際、司法統計年報によれば、家庭裁判所への遺産分割に関する処分の審判・調停の新受件数は平成20年度で12,879件と、ここ数年ほぼ右肩上がりのトレンドが続いています。そこで、相続が「争族」にならないようにするためのポイントを以下で考察してみます。

(1) 納得感のある分配に配慮

相続争いを回避するには遺言を残すことが肝心とよく言われますが、遺言を残せば争いが回避されるというものでもありません。例えば、遺言を残したものの、その信憑性を巡って相続人同士が裁判で争うという事例もみられます。なぜ争うかと言えば、遺言の内容に「納得できない」相続人がいるからです。

民法の原則は、同順位の相続人間（兄弟間など）では相続分は原則として平等となっています（民法900）。しかし、相続財産が現金のみという場合であればと

もかく，実際には機械的に分けられない財産が含まれているケースがほとんどでしょう。その場合，相続人間で納得のいく財産の分割を行われることが肝要となるわけです。残された財産だけを見て，金額的に平等に分割すればそれで納得が得られるとは限らず，相続人それぞれの，これまでの被相続人に対する接し方や，有形無形の経済的価値のやり取り（介護負担，学資や住宅取得費の援助など）などを総合的に勘案して，公平に分配することが重要になるでしょう。勿論，納得感のある「公平な分配」には一義的な解答があるわけではないので，簡単ではありません。しかし，それに対する目配りが足りないと，相続争いは回避できないのです。

　いっそのこと，子供に財産を残さないという決断も，賢明な選択と言えるかもしれません。そこまで極端ではなくとも，財産をできるだけ生前に分けておくことも，有効な手段として検討に値するでしょう。

(2) 代償分割の活用

　相続財産の中に非上場株式や医療法人の出資持分が含まれている場合など，分割が困難であったり，出資持分の価値が大きいため，相続人間で平等な分割ができないケースがあります。その場合には，代償分割という手法が利用されます（Q17 参照）。

　代償分割とは，分割困難な財産を特定の相続人が相続するために起こる分割財産の偏りを正すため，特定の相続人が代償金を他の相続人に支払うという方法です。ただし，代償分割を行うためには，特定の相続人が代償金を支払うだけの資力があることが前提となります。

Q14

「遺産が未分割の場合どのようなデメリットがある？」

　現在，共同相続人間で遺産分割協議を行っていますが，なかなかまとまりそうにありません。私自身は家庭裁判所に調停を申し立てることも辞さないつもりですが，知り合いの税理士から，遺産が未分割のままだと，相続税の申告上デメリットが多いと聞かされました。それは具体的にどういうことなのか，説明してください。

A　Q12で遺産が未分割の場合の相続税と所得税の申告方法について説明しましたが，本問では，未分割の場合どのようなデメリットがあるか見ていきましょう。

(1) 未分割の場合の相続税に関する不利な取扱い

　遺産分割協議が紛糾した場合，各相続人には弁護士費用の負担に加え，精神的な負担も重くのしかかってきます。さらに，申告期限までに分割協議が調わなかった場合，相続税の申告上，以下の項目に関し不利な取扱いを受けることがあります。

① 配偶者に対する相続税額の軽減

　配偶者に対する相続税額の軽減措置は，遺産分割により配偶者が取得した財産に限られます（相法19の2②）。したがって，未分割の財産については，当該措置の適用が受けられません。

　ただし，申告期限から3年以内に分割された場合には，軽減措置の対象とすることができます（相法19の2②ただし書）。さらに，申告期限から3年以内に相続や遺贈に関し訴えが提起されているなどやむを得ない事情がある場合には，税務署長の承認を受けたときに限り，分割ができることとなった日の翌日から4か月以内に分割した財産について，軽減措置を受けることができます（相法

I　相続発生から相続税申告までの実務

19の2②ただし書のかっこ書，相令4の2）。

② 小規模宅地等の課税価格計算の特例

　小規模宅地等の課税価格計算の特例は，相続税の申告期限までに，遺産分割協議書の写しのほか所定の明細書等の書類を添付して相続税の申告書を提出しなければ，その適用を受けることはできません。ただし，申告期限から3年以内に分割された場合には，①と同様に特例措置の対象とすることができます（措法69の4④ただし書）。

　また，小規模宅地等の特例のうち，特定事業用宅地等に該当するためには，宅地等を取得した被相続人の親族が，相続開始時から相続税の申告期限までの間に被相続人の事業を承継し，申告期限まで引き続きその事業を営むことがその要件となっています（措法69の4③一）。したがって，分割協議が調わず相続税の申告期限までの間に被相続人の事業が承継されてない場合には，特定事業用宅地等の要件を満たさず，80％の減額措置が受けられないこととなります。

　仮に分割協議が調わない場合であっても，相続開始時から相続税の申告期限までの間に被相続人の事業を承継し，申告期限まで引き続きその事業を営んでいる場合には，80％の減額措置が受けられる余地があります。

③ 相続税の取得費加算の特例

　相続財産を譲渡した場合，申告期限の翌日から3年以内であれば，その譲渡所得の計算上，相続税の取得費加算の特例＊の適用があります（措法39，措令25の16）。しかし，遺産分割がスムーズに行われず3年を途過した場合には，当該取得費加算の特例の適用が受けられなくなります。

（注）当該特例は，譲渡した財産が土地等である場合には，原則として以下の算式により計算した金額が加算の対象となります。

$$その者の相続税額 \times \frac{その者の相続税の課税価格の計算の基礎とされた土地等の価額の合計額}{その者の相続税の課税価格＋その者の債務控除額}$$

④ 物納の制限

　平成18年4月1日以降に開始した相続又は遺贈については，相続税の申告期限までに物納手続きに必要な書類を提出することが原則となっており，それが

無理な場合，延長できるのは最長1年です（延長期間については利子税を負担します）。また，未分割の財産は所有権が確定していませんので，物納に不適格な財産（管理処分不適格財産）とされる可能性が高いと言えます（相令18一）。

⑤　農地等の相続税の納税猶予

農地等の相続税の納税猶予の特例を受けるためには，農業相続人が相続税の申告期限までに対象となる農地を取得し，かつ，農業経営を開始し，その後も引き続き農業経営を行うと認められる場合等の要件を満たす必要があります（措法70の6）。したがって，申告期限までに遺産分割協議が調わない場合には，納税猶予の特例が受けられないこととなります。

また，非上場株式の相続税の納税猶予についても，未分割の非上場株式については適用がありません。

(2)　未分割の場合のその他のデメリット

未分割の不動産は，その譲渡や担保に供する場合において，手続きがスムーズに進まないケースが多いようです。また，預金の凍結が解除されなかったり，分割協議に係る弁護士費用が嵩むといった負担もばかになりません。さらに，感情のもつれが鬱積して，相続人同士の人間関係が修復不能になるケースも少なくありません。

上記でみたように，未分割の状態が続くことは相続人にとって負担が大きいため，遺言を残して予め紛争を回避するような工夫が必要でしょう。また，遺言がない場合でも，各相続人が互譲の精神で協議を長引かせないように心がけたいものです。

Ⅰ 相続発生から相続税申告までの実務 Q15

Q15

「兄弟を遺産分割協議に参加させたくないが，何かいい方法はある？」

私の父が先日亡くなり，その遺産について近々法定相続人である兄弟三人で分割協議を行う予定です。ただし，お恥ずかしい話ですが，私たち兄弟は仲が悪く，特に三男とは年賀状のやり取りがあるくらいで，20年以上も顔を合わせたことがありません。三男は粗暴な性格で，かっとなると暴力を振るい，これまで何度も警察の厄介になったことがあります。できれば三男を遺産分割協議に参加させたくありませんが，何かいい方法がないでしょうか？

A 遺産分割協議に特定の相続人を参加させないための方法として，相続分の譲渡と言う手法が使われることがあります。

(1) 遺産分割協議

遺産分割の方法は，まず遺言による指定があればそれに従うこととなります。遺言がない場合は，相続人全員で話し合って遺産の分割を行います（遺産分割協議，民法907①）。遺産分割協議には相続人全員が参加する必要があり，相続人が1人でも欠けた分割協議は無効とされます。

(2) 相続分の譲渡

相続人間で感情のもつれがある場合や，相続財産の内容を知らせたくない相続人がいる場合など，遺産分割協議に特定の相続人を参加させない方が，協議がスムーズに進むこともあります。そのような場合，相続分の譲渡と言う手法が使われることがあります。

相続分の譲渡とは，遺産分割前に，ある相続人から別の相続人又は相続人以

外の第三者へ、自らの相続分を譲渡することです（民法905①）。お尋ねの件では、例えば、三男の相続分全部について長男が譲渡を受け、長男と二男だけで遺産分割協議を行うことが考えられます。相続分の譲渡により、三男の相続分がなくなり、その分だけ長男の相続分が増えることになるわけです。

　相続分の譲渡は、相続人間で感情のもつれがない場合であっても、分割協議が長引いていつまでも財産が取得できないでいるよりは、相続分を譲渡して手っ取り早く換金できた方がよいと考える相続人がいる場合には、有効です。

(3) 有償か無償か

相続分の譲渡は有償でも無償でも行うことができます。

① 有償の場合

　有償の場合は、遺産分割協議で代償分割を行ったのと同様に取り扱われます。例えば、三男の相続分全部について長男が譲渡を受け、その対価として3,000万円を支払った場合、三男に対して譲渡所得税は課されず、3,000万円が代償財産として相続税の課税対象となります。一方、長男については、相続税の課税財産から3,000万円が控除されることとなります。

② 無償の場合

　譲渡した者が、遺産分割協議で財産を何も取得しなかったことと同様に取り扱われます。したがって、譲受人に対する贈与税の問題も、譲渡人に対する相続税の問題も生じません。

Q16

「相続に関する専門的な相談は誰にすればよい？」

相続に関する専門家というと，まず弁護士が思い浮かびますが，相続税は税理士が専門だと思います。また，インターネットでは司法書士や行政書士も相談に応じる旨アピールしているのを目にします。費用の面では弁護士は少し高いのではと躊躇します。相続の問題は，果たして誰に相談すればよいのでしょうか？

A 相続に関する専門家としては，以下が挙げられるかと思います。

(1) 弁 護 士

相続に関する法的な問題の専門家といえば，まず弁護士が挙げられます。特に，相続人間で争いがある場合には，弁護士でないと解決できないことが多くあります。相続人間で解決できない問題は最終的に裁判まで持ち込まれますが，そのときも弁護士が必要になってくるでしょう。

確かに弁護士は一般に他の専門家より報酬が高めですが，守備範囲が広く，頼りになる存在です。法律相談であれば通常30分5,000円（税抜）ですので，まずはそこから始めるのもよいでしょう。

なお，相続人間で遺産分割の内容等について争いが生じた場合，1人の弁護士が全体を調整するというわけにはいきません（弁護士法25）。その場合には，結局相続人一人一人が弁護士を選任せざるを得なくなると思いますが，その分費用も嵩むこととなります。

(2) 税 理 士

相続には相続税や贈与税の問題がつきものです。本書でも逐次触れていますが，遺産分割や事業承継を考えるにあたって，税金の問題を考慮しないと思わ

ぬ負担を被ることとなります。財産の評価*や納税資金の確保といった問題についても，税理士が精通しています。したがって，一定額以上の財産を残される場合には，税理士に相談することは必須となるでしょう。

　ここで注意すべきは，すべての税理士が相続税に精通しているわけではないということです。常時相続税の実務を行っている税理士は意外に限定されているため，なるべく経験の豊富な税理士に依頼すべきでしょう。

（注）　相続税に関する財産の評価額は通常税理士が計算しますが，不動産については不動産鑑定士に，美術品については専門の業者に依頼することがあります。

(3)　司法書士

相続に関する法的問題に精通している司法書士も数多くいます。相続財産の多くが不動産の場合，不動産の名義変更が必要になりますが，これは司法書士の業務分野です。一般に報酬も弁護士より抑えられ，敷居も高くないかもしれません。したがって，相続財産の多くが不動産である場合や，相続財産の額が相続税が課されないレベルの場合には，司法書士に相談するというのもいいでしょう。

(4)　行政書士

業務内容に遺言書や遺産分割協議書の作成を謳い，また，それに関連して，相続に関する相談を受けるという行政書士も増えています。弁護士では報酬が高く，また敷居が高いということで，行政書士はどうかという方もいらっしゃるでしょう。

　行政書士は書類の作成業務は行えますが，訴訟代理，税務相談・申告書作成代理，登記手続きといった相続にまつわる重要な業務は一切できません。したがって，行政書士に依頼しても，担当できる業務は非常に限定されていることにご注意ください。

(5) 信託銀行

　最近，信託銀行が「遺言信託」という名で遺言関連業務を行うことが知られつつあります。遺言関連業務には，遺言の執行や遺言の管理のほか，不動産の売却や納税資金の融資もセットで行うケースが通常です。必要な場合には，銀行が提携している弁護士や税理士等の専門家も適宜紹介します。

　特定の信頼できる弁護士や税理士との付き合いがない場合には，信託銀行を利用するのも一考です。ただし，弁護士や税理士に個別に依頼するより費用はやや高めになるのが通常です。また，相続人間で争いがある場合には，信託銀行から遺言執行を辞退される可能性が高いでしょう（日本弁護士連合会と社団法人信託協会の申し合わせ）。

○ 遺言信託サービスの流れ

```
┌─────────────────────────────────┐
│ 遺言書の作成相談                │
└─────────────────────────────────┘
              ↓
┌─────────────────────────────────┐
│ 相続財産の評価                  │
└─────────────────────────────────┘
              ↓
┌─────────────────────────────────┐
│ 遺言書案の作成                  │
└─────────────────────────────────┘
              ↓
┌─────────────────────────────────┐
│ 公証役場との打ち合わせ・公正証書遺言の作成 │
└─────────────────────────────────┘
              ↓
┌─────────────────────────────────┐
│ 遺言書の保管                    │
└─────────────────────────────────┘
              ↓
┌─────────────────────────────────┐
│ 照会・確認(年2回程度変更がないか確認) │
└─────────────────────────────────┘
              ↓
┌─────────────────────────────────┐
│ 遺言者死亡                      │
└─────────────────────────────────┘
              ↓
┌─────────────────────────────────┐
│ 遺言の執行                      │
└─────────────────────────────────┘
              ↓
┌─────────────────────────────────┐
│ 相続税の申告と納付              │
└─────────────────────────────────┘
              ↓
┌─────────────────────────────────┐
│ 遺言執行完了の報告              │
└─────────────────────────────────┘
```

(出典) 日本経済新聞生活経済部編『シングル女性の人生設計』280頁の図を基に作成

Q17

「代償分割はどういうときに行う？」

亡くなった父の相続財産には，父が直前まで長男夫婦と住んでいた自宅とその敷地のほかには，少額の預貯金があるくらいです。相続人は兄弟3人ですが，父の介護をしていた長男が自宅と敷地を相続すると，二男である私と三男が取得する預貯金と価額に差がありすぎます。このような場合，どうすればよいのでしょうか。

A 相続財産の分割は，遺産をあるがままの姿で分割する「現物分割」が原則となります。しかし，不動産や非上場株式，医療法人の出資持分など，分割すると価値が著しく減少したり，その利用が困難になる場合には，現物分割という方法は事実上使えません。

(1) 代償分割とは

そのような場合には，特定の相続人に分割不能な財産を相続分以上に取得させ，相続分に満たない財産しか取得していない他の相続人に対し代償金を負担させる「代償分割」という方法がよく採られます。お尋ねのケースでは，長男が自宅とその敷地を取得し，二男三男には各相続分に見合った金銭を支払って解決するのが適当と思われます。

(2) 代償金の支払い

代償分割を行うためには，不動産などの分割不能財産を取得した相続人が，代償金を支払うだけの現金を有していることが前提となります（Q28参照）。

代償金の支払いは，債務不履行といったトラブルを避けるため，できるだけ一括払いによることが望ましいですが，金額が多額で一括払いが難しい場合には，分割払いにすることもやむを得ないでしょう。その場合には，利息（民事

法定利率の5％を基準とする）を付すことも，代償金を支払う相続人が取得した不動産に他の相続人が担保権を設定することも許されるでしょう。

(3) 節税を行った場合の調整にも有効

　小規模宅地等の特例を適用した場合，適用財産を取得した者の相続税の負担額は大幅に軽減されます。その場合，時価ベースでは同じ価格の財産を取得したにもかかわらず，相続税負担に差が出るため，相続人間で相続税負担の不公平感が問題となる可能性があります。そのような場合にも，下記設例のように代償分割により負担を公平化するという手段を採ることができます。

----【設　例】--

　相続人が下記のように財産（長男が宅地（小規模宅地の特例適用），長女が現金）を取得した場合と，代償金を支払った場合とを比較します。

（単位：万円）

	相続財産の時価	相続税評価額	特例適用後の課税価格	相続税額
長　男	15,000	12,000	2,400	180
長　女	15,000	12,000	12,000	900
合　計	30,000	24,000	14,400	1,080

（注）　法定相続人は長男・長女の2人であるとします。

（代償金を389万円交付した場合）

（単位：万円）

	調整前課税価格（特例適用後）	代償金	課税価格	相続税額	実質負担額＊
長　男	2,400	△　389	2,011	151	540
長　女	12,000	389	12,389	929	540
合　計	14,400	－	14,400	1,080	1,080

（注）＊　相続税額から代償金をマイナスした金額をいいます。

＜参 考＞

○ 相続税の速算表

各法定相続人の取得価額	税　率	控　除　額
1,000万円以下	10%	－
3,000万円以下	15%	50万円
5,000万円以下	20%	200万円
1億円以下	30%	700万円
3億円以下	40%	1,700万円
3億円超	50%	4,700万円

○ 暦年贈与の場合の贈与税の速算表

課税価額	税　率	控　除　額
200万円以下	10%	－
300万円以下	15%	10万円
400万円以下	20%	25万円
600万円以下	30%	65万円
1,000万円以下	40%	125万円
1,000万円超	50%	225万円

Q18

「換価分割はどういうときに行う？」

前問で，代償分割という方法があることを知りましたが，不動産を取得する予定の相続人には残念ながら代償金を支払うだけの資金がありません。その場合，どうすればよいでしょうか？

A 代償金の支払いができないため代償分割を行えない場合には，換価分割という方法が利用されます。

(1) 換価分割とは

換価分割とは，相続財産のうち分割不能なものを売却して現金化することで，遺産分割を行う方法です。売却代金を相続割合に従って分配することで，不動産などを分割取得したのと同等の効果をもたらします。

なお，換価分割では，分割対象の財産が未分割のままですが，不動産の場合，そのまま（すなわち被相続人の名義）では売却後買主に移転登記できないため，登記実務上，一旦相続人全員が法定相続分で相続登記をし，その後買主に移転登記を行います。

(2) 譲渡所得の計算上，換価分割の方が有利

お尋ねの場合，代償分割によることはできませんので，換価分割を利用することになります。代償分割を行う場合も，代償金に充てるため取得した財産を売却することがありますが，その場合には，譲渡所得の計算上，代償分割よりも換価分割の方が一般に有利になります。

I 相続発生から相続税申告までの実務 Q18

【設 例】
- 相 続 人：長男・長女の2人
- 相続財産：土　　地　40,000万円（先祖代々所有）
　　　　　　建　　物　2,000万円
　　　　　　預　　金　2,000万円
　　　　　　土地を40,000万円で売却するものとする。

＜分割案1：代償分割＞

（単位：万円）

	長　男	長　女	合　計
土　　　　地	40,000	－	40,000
建　　　　物	2,000	－	2,000
預　　　　金	－	2,000	2,000
代　　償　　金	△20,000	20,000	0
課　税　価　格	22,000	22,000	44,000
相　続　税　額	5,700	5,700	11,400

（相続税の取得費加算の計算）

$$5,700万円 \times \frac{40,000万円 - 20,000万円 \times \frac{40,000万円}{22,000万円 + 20,000万円}}{22,000万円} \fallingdotseq 5,428万円$$

（長男の譲渡所得課税）
① 譲渡収入金額　　40,000万円
② 取　得　費　　　2,000万円（譲渡収入金額の5％・措法31の4）
③ 相続税の取得費加算額　5,428万円
④ 課税長期譲渡所得金額　①－②－③＝32,572万円
⑤ 譲渡所得税　　32,572万円×20％（国税及び地方税）＝6,514.4万円

＜分割案2：換価分割＞

（単位：万円）

	長　　男	長　　女	合　　計
土地（換価後）	20,000	20,000	40,000
建　　　物	2,000	−	2,000
預　　　金	−	2,000	2,000
代　償　金	−	−	−
課　税　価　格	22,000	22,000	44,000
相　続　税　額	5,700	5,700	11,400

（相続税の取得費加算の計算）

長　男　　$5,700万円 \times \dfrac{20,000万円}{22,000万円} ≒ 5,182万円$

長　女　　$5,700万円 \times \dfrac{20,000万円}{22,000万円} ≒ 5,182万円$

（長男の譲渡所得課税）
① 譲渡収入金額　　20,000万円
② 取　得　費　　1,000万円（譲渡収入金額の5％・措法31の4）
③ 相続税の取得費加算額　　5,182万円
④ 課税長期譲渡所得金額　　①−②−③＝13,818万円
⑤ 譲渡所得税　　13,818万円×20％＝2,763.6万円
長女の譲渡所得税も同額なので，合計5,527.2万円

　分割案1と2とを比較すると，相続税額は代償分割・換価分割のいずれでも同額ですが，譲渡所得税額をみると，分割案2の方は相続税の取得費加算を長男・長女ともに受けられることから，分割案1より987.2万円少なくなるので，有利と考えられます。したがって，特定の土地の継続保有にこだわらない場合には，換価分割を検討されることをお勧めします。

I 相続発生から相続税申告までの実務　Q19

Q19

「被相続人の所得については申告する必要がある？」

昨年の9月に父親が亡くなりました。相続税については財産の価額が基礎控除額以下でしたので，申告は必要ないと思いますが，昨年中，父親は年金収入のほか，父親の出身地である地方都市にある小さなアパートの賃貸収入があるようです。この場合，確定申告をした方がいいのでしょうか？

A 　近親者がお亡くなりになった時，相続人は相続税の方には頭が回りますが，被相続人の収入に係る所得税の申告を忘れがちです。それでは，どういうときに申告が必要になるのか，以下で見ていきましょう。

(1) 所得税の準確定申告

　所得税は，原則として毎年1月1日から12月31日（暦年）の1年間に生じた所得について，所得金額を計算し，納付を行い又は還付を受ける申告書の提出を行います。

　ところが，年の途中で納税者が亡くなった場合，又は，確定申告書を提出すべき納税者が亡くなった場合には，その方の申告書は提出されないままとなります。そのような場合，亡くなった納税者（被相続人）の相続人は，原則として相続開始の日の翌日から4か月以内に，その被相続人の所得について確定申告を行わなければなりません（所法124，125）。これを準確定申告＊と言います。

　　(注)　準確定申告には，そのほかに，納税者が年の途中で出国し，納税地の所轄税務署長に納税管理人の届出をしない場合の所得税の申告があります（所法126，127）。

(2) 準確定申告の態様

　準確定申告は，一般に以下のようにまとめられると思います。

① 被相続人に確定申告の義務がある場合

　年の途中で所得を有する納税者が亡くなった場合，又は，1月1日から3月15日までの間に前年の所得に関し確定申告書を提出すべき納税者が亡くなった場合には，原則として相続開始の日の翌日から4か月以内に，その被相続人の所得について確定申告を行わなければなりません。

　相続人が複数名いる場合には，原則として連署により共同で一つの申告書を提出する必要がありますが，他の相続人の名を付記して個別に申告することもできます（所令263②）。

② 被相続人の所得が損失を計上した場合

　事業等に関して損失を計上した納税者が年の途中で亡くなった場合，又は，1月1日から3月15日までの間に確定損失申告書を提出することができる納税者が亡くなった場合には，原則として相続開始の日の翌日から4か月以内に，その被相続人の損失について確定損失申告書の提出ができます。

　こちらは上記①と異なり，提出は任意です。

③ 被相続人の所得につき還付申告が可能な場合

　年の途中で還付申告書の提出が可能な納税者が亡くなった場合には，還付申告に係る所得の年分の翌年1月1日から5年間につき，還付申告書を提出することができます（通法74①）。この提出期限ですが，例えば，平成22年分の所得税に関する還付申告の場合，期間は平成23年1月1日から平成27年12月31日までとなります。

　こちらも上記①と異なり，提出は任意です。また，提出期限＊が上記①・②と異なりますので，ご注意ください。

　　（注）　還付申告書の提出期限を「5年後の確定申告期限（3月15日）まで」と誤解されている方がいらっしゃいますが，正確には上記のとおりです。したがって，平成22年分の所得税に関する還付申告の場合，平成28年3月10日に還付申告書を提出しても，還付は受けられません。

(3) 準確定申告の際の留意点

　年の途中で亡くなった方に控除対象配偶者や扶養親族がいる場合には，その

方の準確定申告において，配偶者控除及び扶養控除につき控除額を（月数按分ではなく）全額適用することができます。

また，亡くなった方が個人事業主の場合には，個人事業税の課税見込み金額を個人事業の必要経費とすることができます。

なお，申告の結果納税することとなる所得税額は，被相続人の債務として相続財産から控除することができます（相法14②，相令3一）。一方，還付税額*は相続財産に加えることとなります。

(注) **還付加算金**は相続人の所得と考えられるため，相続税の課税財産に含める必要はありません。

(4) 消費税の申告

被相続人が事業を行っていた場合で，その事業を相続人（相続の時点では課税事業者ではない）が引き継ぐ場合，「課税事業者届出書」とともに，「相続・合併・分割等があったことにより課税事業者となる場合の付表」を提出します。

また，「課税事業者選択届出書」や「簡易課税選択届出書」は被相続人が生前提出していた届出を相続人が引き継ぐことはできませんので，これらの適用を受けようとする場合には，その年の12月31日までに新たにそれらの届出を行う必要があります。なお，12月中に相続が開始した場合には，特例として翌年2月末日までにこれらの届出を提出すればよいこととなっています（消法9⑧，消基通1－4－16, 17）。

Q20

「相続税申告までにかかる諸経費をいくら見積もればよい？」

そろそろ自分が死んだ後の相続税が気になって税理士に相談していますが、相続税の納付は相続財産から行うとして、それ以外の葬儀費用等、相続税の申告までの諸々の費用は、終身保険で用意しようかと考えています。そこで、その保険金額を考える上で、相続税申告までにかかる諸経費をいくら見積もればよいでしょうか？

A 相続発生から相続税の申告までに係る費用としては、一般に以下のものが挙げられると思います。

(1) 葬儀費用

これまで葬儀費用の相場はあまり表には出てこなかったため、どのくらいかかるのかなかなか分かりにくいものでした。しかし、最近は雑誌の特集記事で葬儀費用の相場が掲載されることもあり、また、インターネットの発達で、葬儀費用の見積もりを行ったり、業者間の比較を行ったりすることが気軽にできるようになりました。

とは言え、葬儀費用はどのような葬儀（一般葬・直葬・家族葬など）を行うか、仏式（宗派）やキリスト教式、神式、無宗教式によってかなり幅が出てきます。また、香典や健康保険の埋葬費等である程度賄える場合も多いので、必ずしも全額工面しなくともよいでしょう。

なお、葬儀費用の大半は相続税の債務控除の対象となりますので、領収書は確実に取っておくようにしましょう。

(2) 墓地

菩提寺を持たない場合や、生前に墓を購入していなかった場合、葬儀後に墓

を求めることになります。墓地の購入費用の内訳は，墓石建立費（石代及び工事費），永代使用料，管理料（毎年かかる），開眼供養料などとなります。墓地の場所や墓石のグレードにより費用は異なりますが，数十万から200万円程度かかるようです。

なお，最近は散骨や樹木葬，手元供養など，従来型の墓とは異なった形態の供養のやり方があり，費用もそれぞれです。

(3) 戸籍謄本や印鑑証明の手数料

各種手続きに戸籍謄本・除籍謄本・改製原戸籍謄本や印鑑証明書が必要になりますが，必要部数が多い場合費用もばかになりませんので，ご注意ください。

(4) 弁護士・司法書士・税理士等費用

遺言の執行を弁護士に依頼する場合や，不動産の所有権移転登記，相続税の申告書作成を専門家に依頼する場合には，報酬が発生します。相続財産が多額の場合や，相続財産を巡り相続人間で争いがある場合には，弁護士費用等が予想外に嵩むこともあります。

Q21

「相続税の申告を税理士に依頼する場合，何に注意すべき？」

サラリーマンだった父が先日亡くなりました。遺産としては自宅と預貯金のほかに，祖父から承継したアパートが1棟あり，相続税の基礎控除額を上回りそうです。税金には全く疎いので申告は税理士に任せようと思っていますが，知り合いに税理士がいないため，誰に頼めばいいのか見当がつきません。税理士を選ぶ際の基準のようなものがあれば，教えてください。

A 自分で事業を行っている方や医療費控除など受ける方は，所得税の申告を自分で行う場合も多いでしょう。ところが，相続というのは一生に何度も起こることではなく，また，財産の内容によっては申告手続きがかなり複雑になるケースも珍しくないため，税理士に申告を依頼した方が何かと安心です。

(1) 相続実務における税理士の役割

相続の実務において，税理士の役割は世間の認識以上に大きいものがあります。無論，相続に関する法手続や紛争解決については弁護士がその専門家ですが，相続を専門とされている弁護士であっても，相続税についてはあまり精通しておらず，申告は税理士に任せきりというのが通常です。

遺産分割協議を行う際でも，財産の評価額や分割に伴う相続税負担を抜きにして議論をするのは，ほとんど無意味と言っても過言ではないでしょう。遺産分割協議において税理士抜きで話を進め，いざ申告の段になって想定外の税負担に驚き，税理士のアドバイスに従って再度分割協議を行うという事例も見受けられます。相続財産の価額が基礎控除額を大きく下回る場合や，遺産の分割について特に争いがない場合以外には，税理士に一度相談するのが望ましいと

言えます。

(2) 税理士を選ぶ基準

とは言え，税理士であれば誰でもいいかと言えば，そういうことにはなりません。相続税の実務は専門性が強く，その分野に精通している税理士以外は，年間一件も申告書を作成していないということも珍しくありません。また，相続税法は民法の親族（第四編）・相続（第五編）の規定を前提に作られており，税理士の他の業務分野よりも法的思考や理論が重視されます。相続税の節税のアドバイスも，当面の相続税の納付額のみならず，第二次相続や収益物件の相続後の所得税課税など，先を見据えたトータルな提案が重要になります。さらに，相続税は納税額が多額になることから，納税資金の確保や延納・物納に関するアドバイスも重要です。加えて，相続税は他の税目と比較した場合，税務調査を受ける確率が高いため，申告書を作成して終わりではなく，税理士による申告後のフォローアップが必須となります。

したがって，税務会計に精通しているだけでは，相続税の実務をこなすのは困難であると言えます。相続税を含む資産税分野に強みがあることを売りにしているなど，相続税実務の経験を十分に積んだ税理士を選ぶことをお勧めします。

また，いかに相続税に精通しているからと言って，その方が質問をしづらい「大先生」であったり，質問しても回答をしない・遅い，専門用語をまくしたてて要領の得ない回答しか返ってこないのでは，税理士との間に信頼関係を築くのは難しいでしょう。労を惜しまずタイムリーに回答する税理士であれば，依頼者の満足度も高いと言えるでしょう。

(3) 専門特化の功罪

ところで，税理士業務についても近年専門化が進んでいますが，実は相続税のみに精通しているだけでは相続税対策の専門家としては不十分であるということも依頼者は理解する必要があります。例えば，相続税対策の中心となる自

社株（評価）対策については，評価通達の内容に精通しているだけでは不十分で，どうすれば評価額が抑えられるかに関するノウハウが欠かせません。意外に知られていませんが，そのノウハウは法人税の節税対策とオーバーラップするのです（例えば Q39 のグループ法人税制を参照）。そのため，自社株対策を依頼された税理士の法人税に関する実務経験や知識が不十分な場合，その対策の信憑性が疑われ，また，相続税対策という長いスパンの事業の実行過程における環境変化への柔軟な対応も，あまり期待できないかもしれません。

　無論，専門分野の異なる税理士によるチームで対処するというのも有力な方法ですが，その場合も，①費用が嵩む傾向にあること，②責任の所在が曖昧になりがちであること，に留意すべきでしょう。

II

相続発生前から始める相続税節税対策

Q22 「相続税の節税対策はそもそも必要？」

前々から疑問に思っていたことですが，故人が生前の意思表示を遺言として残したような場合，相続人は故人の遺志を尊重し遺言に従って執行すればよいだけで，相続税の節税対策など不要だと思われます。また，遺産は故人の努力で稼得したもので，その形成に貢献したわけでもない相続人が，いわば「棚ボタ」で取得するのにもかかわらず，その相続人の取り分を増やすため（すなわち税金を減らすため）税理士に対策を依頼するなど，税理士報酬もかかるし，どうかと思います。相続税の節税対策などそもそも必要なのでしょうか？

A 相続というのは，被相続人の財産を相続人（及び受遺者）にいかに引き渡すかというものなので，被相続人の意思が第一に尊重されるべきという考え方には異論がありません。それでは，相続税対策などというものは無意味な作業なのでしょうか？

(1) 相続税廃止という国際的な趨勢

相続税対策というものは，第一義的に，相続税負担による資金及び財産の流出を最小限に抑えるための手段と考えられます。一方で眼を海外に転じると，以下のように相続税・贈与税は縮小ないし廃止するという趨勢が見られます。

○ 近年相続税を廃止した国

> カナダ＊（1971年），オーストラリア（1979年），イタリア（2001年），ポルトガル（2004年），スウェーデン（2005年），ロシア（2006年）
>
> （注） みなし譲渡税が課税される。

Ⅱ 相続発生前から始める相続税節税対策 Q22

○ 相続税がない主要国・地域

> 香港，シンガポール，ニュージーランド，メキシコ，スイス*
> 　（注）　州レベルでは相続税が課されるところもある。

　これは，家業（営業用財産）に対する相続税負担が中小企業の存立を脅かしており，それを取り除くことが諸外国に共通する政策目的であると考えられるためです。

　さらに，アメリカではブッシュ政権時代に相続税の段階的引下げが行われ，2009年末にゼロ税率となりましたが，その後の議論がまとまらず，現在課税されない状態が続いています。2010年中に死亡した富豪（例：ヤンキースのスタインブレナーオーナー等）が相続税負担なしで資産を子孫に引き継いでいることを問題視する世論もあるようです。

　一方，日本はそのような海外の潮流に背を向けるかのように，課税最低限の引上げ等による相続税の増税の議論がくすぶっています。これはわが国の財政事情が著しく悪化していることに加え，政権交代後の民主党政権が格差社会是正を政策テーマに挙げていることとも関連しているものと思われます。また，鳴り物入りで導入された事業承継に係る相続税・贈与税の納税猶予制度も，細かい要件が定められており，必ずしも使い勝手が良くないのが現状です（Q65参照）。

　なお，相続税・贈与税を含めた資産所得課税等の国際比較を見てみると，日本の水準はフランスの次に高く，そのことから言っても，現時点において相続税の課税を強化する根拠は十分とは言えないことが分かります。

○ 主要先進国の税収に占める資産課税等の割合

	日　本	アメリカ	イギリス	ドイツ	フランス
資産課税等	16.0%	14.5%	15.2%	4.0%	22.0%
消費課税	29.6%	22.1%	36.1%	46.6%	35.5%
法人所得課税	20.9%	15.5%	13.2%	9.6%	10.7%
個人所得課税	33.6%	47.8%	35.5%	39.8%	42.9%

（注） 日本は平成21年度予算ベース，他の国はOECD "Revenue Statistics 1965－2007" による。
（出典） 財務省ホームページより

(2) 事業承継対策としての相続税対策

したがって，家業の事業承継のためには，今以上の国からのバックアップを期待することができないこと及び相続税の課税を前提にして，自らの手で相続税負担による営業用財産の散逸を可能な限り減らすような対策を十分に立てる必要があると思われます。それが，相続税の節税対策を正当化する一つの重要な論拠であると考えます。

(3) 相続税対策の三つのリスク

ところで，相続税対策の必要性の一方，そのリスクについても十分認識しておく必要があると思います。筆者が考える相続税対策の主要なリスクとは，以下の三点が挙げられると思います。

① 長生きのリスク：人はいつ死ぬのか，正確には分からない。対策時点と死亡時点とでタイムラグがあると，承継予定者が先に亡くなる等，対策の効果が思うようにあらわれない場合がある。

② 税制改正のリスク：税務当局は常に「行過ぎた」相続税対策に目を光らせている。

③ 事業承継リスク：後継者が被相続人の思い通りにならないと，対策がうまくいかない場合がある。

上記リスクと，「対策を採らないリスク」とを総合的に勘案し，どうするかを決定するとよいでしょう。

Ⅱ 相続発生前から始める相続税節税対策 Q23

Q23

「相続税が課されないと見込まれる場合,相続対策は不要?」

相続対策というのは,代々家業を営んできたところや資産家,医者や弁護士のような高額所得者のためのものであって,私のようなしがないサラリーマン家庭で相続税が課される可能性がないところには無縁の話だと思いますが,どうでしょうか?

A 税理士のみならず,納税者の方の間でも相続対策=相続税対策と捉えられがちですが,相続対策のうち,相続税対策は一部に過ぎず,その他の柱である遺族の生計維持対策や事業承継対策を補完し,税負担による資金及び財産の流出を最小限に抑えるためのものと考えた方がよいと思われます。

○ 相続対策の概念図

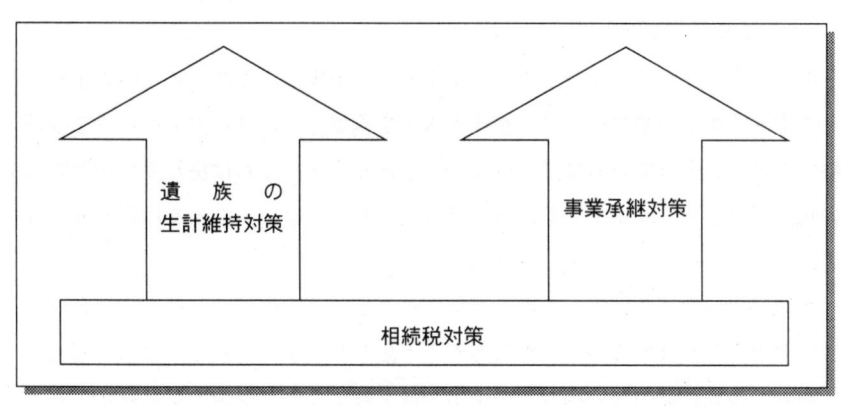

遺族の生計維持対策	事業承継対策
相続税対策	

したがって,相続税対策はあくまで遺族の生計維持対策や事業承継対策のために行うものであり,それ自体が目的となってはならないと思われます。

(1) 遺族の生計維持対策

　一家の生計を支えていた者が亡くなった場合、残された遺族の生計をどう立てていくのかが問題となります。望ましいのは、子供が独立して生計を立て、配偶者も仕事を持っていて食うに困らないという状況ですが、実際にはなかなかそうもいかない家庭が多いでしょう。その場合、特に年老いた配偶者が年金収入以外で生計が立てられるよう、財産を残す必要があります。残すべき財産も、自宅や預貯金・生命保険を中心にすべきということになります。

　ハウスメーカー等から、相続税対策で貸家建付地の評価減等を意図してアパート・マンションを建設するような提案がよくなされますが、バブル崩壊前までならともかくとして、現在のような低成長時代には、収益性不動産の維持管理はなかなか難しいものがあります。賃料の伸び悩みや空き室リスクが高じて不動産が不良債権化することも今後十分予想されますので、不動産経営に熱心ではない遺族には、相続税対策を度外視してでも、処分が難しい不動産を残さないよう配慮することも必要でしょう。

(2) 事業承継対策

　中小企業こそが日本経済を支えているという事実は広く知られていますが、そのような中小企業の中には先祖代々事業を承継し、のれんやノウハウを受け継いで現在に至っている企業も少なからずあります。これは決してわが国特有の現象ではなく、欧州やアジア各国でも見られる現象で、欧州では税制面でも事業承継を後押しする政策が採られています。

　事業資産の散逸を防ぎ、のれんやノウハウを守るためには、多くの場合、親族間で事業を承継するのが一番であろうと思われます。しかし、中には適当な後継者が親族にはいない場合や、子供が後を継ぐことを拒否する場合があります。その場合には、社内から後継者を選出するか、外部に企業を売却するといった方法を考慮する必要が出てきます。

　いずれにせよ、企業規模がある程度大きくなったときからは、経営者は常に事業承継を意識しなければならないでしょう。

Q24

「連年贈与とは?」

　私は都内に住む年金生活者で、3年前上場企業を退職して以来、悠々自適の生活を送っています。そろそろ自分が死んだ後のことが気になっており、息子や娘に対して生前贈与をしようかと考えていますが、贈与税負担を回避するため、非課税枠を最大限に活用したいと考えています。そこで、これから毎年110万円ずつ20年くらいに分けて徐々に贈与してはどうか、と知り合いの税理士に尋ねたところ、「連年贈与に当たるため避けた方がいい」というアドバイスを受けました。この連年贈与というのはどういうものなのでしょうか?

A 連年贈与とは、一般に、毎年同額をほぼ同時期に贈与する形態をいいます。連年贈与は、ご質問にあるとおり、贈与税の非課税（基礎控除）枠である年間110万円を最大限に活用するために行われる贈与です。

(1) 連年贈与と有期定期金契約

　連年贈与が問題となるのは、それが有期定期金の贈与があったとみなされる可能性があるからです。有期定期金とは、一般に、一定の期間にわたって金銭その他の物の給付を受ける権利のことをいいます。従来、有期定期金は相続税法上、その残存期間に応じて評価することとなっていました（旧相法24）。
　例えば、親から子へ、毎年100万円を15年にわたって与える有期定期金契約であれば、当該契約は100万円×15×50％＝750万円の評価額となり、(750万円－110万円)×40％－125万円＝131万円という税額が課されることとなります。1年当たりの贈与額は基礎控除以下（100万円）であっても、最初の年に有期定期金の贈与があったとみなされれば、このような思わぬ多額の税額が課されることとなりますので、注意が必要です。

なお、平成22年度の税制改正で、有期定期金等の有利な評価方法を利用した年金保険の加入による相続税の節税を封じ込めるため、定期金の評価については、約定利率による複利年金現価率（残存期間に応ずるもの）による評価を原則とする方法に改められましたので、ご注意ください（**Q29** の設例参照）。

(2) 贈与税を課されないためには

連年贈与が問題となるのは、親から子への、毎年一定金額を向こう何年にわたって贈与するという意思表示が、有期定期金契約と非常に似ているためです。贈与というのは、一般に偶発的・単発的なもので、毎年規則正しく行うものは、そのほとんどが贈与税の非課税（基礎控除）枠を最大限に利用しようとするのが実情といえます。したがって、税務当局は、連年贈与を有期定期金契約の中に取り込み、何とか贈与税を課そうとするわけです。

逆にいえば、規則正しい贈与ではなく、偶発的・単発的なものであれば、有期定期金契約とみなすことは困難であると言えるわけです。毎年贈与を行っているものの、金額がまちまちであるとか、時期が一定ではない場合には、税務当局がそのような贈与を有期定期金契約であると主張することは難しいと思われます。

Q25

「相続時精算課税制度とは？」

私は医師で社団医療法人の理事長ですが，来年還暦を迎えるということもあり，早いうちからできる事業承継対策に関心があります。生前贈与の手段として，相続時精算課税制度という方法があるようですが，どのようなものか説明してください。

A おっしゃる通り，相続時精算課税制度は，生前贈与を後押しするために，平成15年度の税制改正で導入された制度です。この制度は以下の二つの特例から成り立っています。

(1) 相続時精算課税制度

この制度の要件は，贈与を行う年の1月1日において，親が65歳以上，子が20歳以上であることです（相法21の9①）。この制度を選択すると，贈与者1人につき2,500万円まで非課税となり，それを超えた金額については，一律20％で課税されます。さらに，当該制度の適用を受けた贈与財産は，親の相続発生時に相続財産に組み込まれ，相続税を計算したのち，既に支払った贈与税額を相続税額から控除（精算）することになります。

なお，一旦この制度を選択すると，一般の贈与（暦年贈与）に関する贈与税の基礎控除（年間110万円）は適用されませんので，ご注意ください。

(2) 住宅資金等の贈与の特例

これは，住宅の新築，取得又は増改築の資金を親から贈与を受けた場合，(1)の非課税枠に1,000万円上乗せした3,500万円まで非課税となる特例です（旧措法70の3，70の3の2）。この特例は，受贈者（子）の要件は(1)と同じですが，贈与者（親）については年齢制限がありません。また，非課税枠を超えた金額に

については，一律20％で課税され，相続時に贈与財産が相続財産に組み込まれ，精算されるのも(1)と同様です。

なお，当該制度は平成21年末で廃止となり，別途住宅取得等資金にかかる贈与税の非課税制度が導入されています（平成22年度は1,500万円，平成23年度は1,000万円，**Q57** 参照)。

(注) 上記のほかに，平成19年度の税制改正で導入された，一定の要件を満たした取引相場のない株式等の生前贈与につき，(1)の非課税枠に500万円を上乗せした3,000万円まで非課税とする，特定同族株式等の贈与の特例がありました（旧措法70の3の3，70の3の4）。しかし，「特定同族株式等」に医療法人の出資が含まれていなかったことから，医療法人については当該規定の適用はありませんでした。また，当該規定そのものも，平成21年度の税制改正で廃止されました。

Ⅱ　相続発生前から始める相続税節税対策

Q26 「遺言書作成に当たり留意すべき事項は？」

　私も古稀を迎え，そろそろ自分が亡くなった後のことを考えた方がよいと思うようになりましたが，相続人間の争いを避けるため，いや，それよりも何よりも，自分の財産の行き先を自分で自由に決めたいため，遺言書を作成しようと考えています。最近，書店で「エンディングノート」と称する遺言書の作成を指南する書籍をよく見かけるので，まずはこれを利用して記入してみようと思いますが，遺言書作成に当たり留意すべき事項を教えてください。

A　遺言書が必要なケースを以下で見ていきたいと思います。ただし，いずれの場合も，相続人の遺留分（Q44 参照）を侵害しないよう留意する必要があります。

(1) 法定相続割合での分割が難しい財産を残す場合

　自宅家屋や敷地，家業の非上場株式のように，法定相続分での分割が難しい場合や，事業の継続の観点から法定相続分での分割が無意味の場合には，遺言書で財産を特定の相続人に引き渡す旨明記しておくのが望ましいでしょう。

(2) 特定の相続人の生活を保障する場合

　相続人間で争いがなければ問題ないのですが，財産を前にすると往々にして人格が変わってしまうものです。そうなると，「声の大きい」者の意見が幅を利かせ，相続対策において重要な「遺族の生計維持対策」が後回しになってしまいがちです。そんなことにならないよう，例えば自宅家屋や敷地は同居していた配偶者や親族が相続できるように，遺言書に明記しておくとよいでしょう。

(3) スムーズな遺産承継手続きのため

　第1章でみたとおり、相続に係る財産の承継手続きは、予想以上に手間暇がかかるもので、必要な手続きや書類はなるべく簡略化したいものです。不動産の相続登記の場合、遺産分割協議によるときは相続人全員分の戸籍謄本が必要ですが、遺言がある場合指定された相続人分だけで済むなど、相続人の負担が減ります。

　なお、法的に適正な遺言書は、遺産分割手続きをスムーズに進める上でも重要な役割を果たしますので、遺言書を作成したら出来る限り弁護士等の専門家のチェックを受けることをお勧めします。

(4) 相続権のない者に財産を残したい場合

　事実婚のパートナーのように、現行法上相続権がない者に財産を確実に残すには、遺言によることが不可欠です。

(5) 子供の認知や相続人の廃除を行う場合

　遺言により、子供を認知したり、素行不良な相続人に財産を譲らないために相続人を廃除することができます。なお、相続人の廃除は「被相続人に対して虐待・重大な侮辱を加えた場合又は著しい非行があった場合」に認められますが（民法892）、相続人の相続権を剥奪する行為であるため、裁判所は一般にその認定に慎重であるとされています。

Q27

「自筆による遺言と，秘密証書遺言，公正証書による遺言のいずれがよい？」

前問で，遺言書作成の必要性について理解ができましたが，物の本によれば，遺言には大きく分けて，自筆による遺言と，秘密証書遺言，公正証書による遺言の三種類があるとあります。それぞれの遺言には一長一短があると思われますが，どれを選択するのがよいでしょうか？

A おっしゃる通り，遺言（普通方式）には大きく分けて三種類の方式があります。

(1) 自筆証書遺言

自筆証書遺言とは，遺言者が全文を自らの手で記し，これに押印することで意思表示をする遺言を指します。紙と鉛筆があれば1人で自由にしかも費用もかからずに作成することができ，また，遺言の存在や内容を推定相続人等に知られる心配もありません。

自筆証書遺言でよく問題となるのは，法的に遵守すべき事項に不備があるため無効になるということです。また，自筆でなければならないのは大きなネックで，PCやワープロが普及した現代社会では，自筆で正確に不備なく最後まで遺言を書きあげるのは，意外に高いハードルとなっています。さらに，遺言書が偽造・変造されることや，遺言書の存在そのものが相続人によって発見されなかったり，遺産分割協議成立後に発見されたため協議のやり直しを余儀なくされることなど，遺言者の意思がスムーズに反映されなかったり，相続人に思わぬ負担を強いる事態に陥ることも少なくありません。

(2) 秘密証書遺言

　署名押印した遺言書を封筒に入れ，同じ印で封印し，公証役場における公証人・証人2人の前での申述などを経て，公証人が証人などとともに署名・押印することによって成立する遺言の形式を秘密証書遺言といいます。この遺言は，遺言書の存在自体は公証人や証人に知れますが，内容は秘密のままにしておくことができます。また，自筆による署名・押印は必要ですが，本文は自筆でなくともよいので，自筆証書遺言と異なりワープロで清書した文書を使うことができます。

　なお，公正証書遺言と異なり，公証人に遺言の存在は証明してもらいますが，遺言のそのものは遺言者自身が保管する必要があります。そのため，自筆証書遺言と同様に，遺言が見つからなかったり，紛失したり，発見が遅れる危険性があります。また，自筆証書遺言と異なり，公証人への手数料がかかります。

　秘密証書遺言の作成件数はここ数年100件前後で推移しています。

(3) 公正証書遺言

　公証役場において，証人2人以上の立ち会いの下，公証人が遺言者の口述を筆記して作成する形式の遺言です。

　公正証書遺言は近年認知度が高まり利用が増加している形式の遺言です。費用はかかりますが*，公証人によるチェックを経ているため法的に無効になる心配はまずなく，自筆証書遺言や秘密証書遺言のデメリットをクリアできるため，弁護士等の専門家はこの形式による遺言書の作成を積極的に勧めています。平成元年（東京の場合は昭和56年）以降の公正証書遺言については，日本公証人連合会のコンピュータ（遺言検索システム）により遺言者名や作成年月日等が検索できます。

　　(注)　公正証書遺言の作成手数料は次頁のとおり財産の価額により増加しますので，遺産が多額の場合手数料も嵩みます。

Ⅱ 相続発生前から始める相続税節税対策　Q27

○　公正証書遺言の作成手数料

目的財産の価額	手　数　料
100万円以下	5,000円
200万円以下	7,000円
500万円以下	11,000円
1,000万円以下	17,000円
3,000万円以下	23,000円
5,000万円以下	29,000円
1億円以下	43,000円
1億円を超え3億円以下	43,000円に5,000万円までごとに13,000円を加算
3億円を超え10億円以下	95,000円に5,000万円までごとに11,000円を加算
10億円を超える場合	249,000円に5,000万円までごとに8,000円を加算

　なお、手数料は遺産を取得する相続人、受遺者ごとに計算します。例えば、遺産総額が2億円で相続人が2人（それぞれ1億2,000万円及び8,000万円取得）の場合、手数料は56,000＋43,000＝99,000円となります。

　日本公証人連合会の統計によれば、公正証書遺言の件数は平成20年で76,436件と、ここ数年3％程度ずつ増加しています。

(4)　その他の形式の遺言

　普通方式の遺言に加え、民法では特別方式の遺言について規定しています。いずれも特殊な状況における遺言の形式だと言えます。

　① 　危急時遺言

　危険な事態が目前に迫っているときになされる遺言で、病気や怪我で臨終が迫った時の一般危急時（一般臨終）遺言と、船の遭難で乗組員や乗客に臨終が迫った時の難船危急時（難船臨終）遺言とに分けられます。

　② 　隔絶地遺言

　一般社会から隔絶された場所にいるときになされる遺言で、伝染病で病院に隔離された人が作成する一般隔絶地（伝染病隔離者）遺言と、船舶内にいる人が

作成する船舶隔絶地（在船者）遺言とに分けられます。

○ 普通方式遺言の三類型

	自筆証書遺言	秘密証書遺言	公正証書遺言
特徴	自筆で作成する。	内容を秘密にできる。	遺言の原本が公証役場に保管される。
メリット	・費用がかからない。 ・存在及び内容を秘密にできる。 ・証人が不要。	・本文は自筆である必要なし。 ・内容を秘密にできる。	・裁判所の検認が不要。 ・法形式面での不備が是正される。 ・自筆が不能な人でも作成可能。 ・紛失・偽造・発見が遅れるリスクを回避できる。
デメリット	・裁判所の検認が必要。 ・法形式面での不備が是正されない。 ・紛失・偽造・発見が遅れるリスクあり。	・裁判所の検認が必要。 ・証人に存在が知れる。 ・法形式面での不備が是正されない。 ・紛失・発見が遅れるリスクあり。 ・費用がかかる。	・費用がかかる。 ・証人に存在及び内容が知れる。

Q28

「生命保険に加入するメリットは？」

　知り合いの保険のセールスマンから，相続税対策で保険を活用するケースが多いので，一度話をさせてほしいと何度も勧誘されています。セールスマンの言いなりになりたくないので，話を聞く前に，相続税対策としての生命保険について勉強しておきたいと思います。生命保険に加入するメリットを説明してください。

A　保険というものは本来，将来発生する可能性のあるリスクに備えるために加入するものです。しかし，わが国ではこれまで預金と同様の金融商品ないし貯蓄という感覚で加入されてきた嫌いがあります。保障金額が多額に上る保険は保険料も高額となるにもかかわらず，保険のセールスマンに勧められるまま碌に検討せずに加入し，後悔するケースも後を絶ちません。真に必要な保険のみに加入するよう，事前の十分な検討が不可欠です。

(1) 死亡保険金と非課税枠

　相続対策として保険に加入するメリットとしてよく挙げられるのは，相続税法上の優遇措置についてです。相続人が死亡保険金を取得した場合，以下の非課税枠の適用があります（相法12①五）。

　　500万円×法定相続人の数

法定相続人の中に養子がいる場合の上記の「法定相続人の数」には，
① 　被相続人に実子がいる場合，養子は1人まで
② 　被相続人に実子がいない場合，養子は2人まで
含めます。なお，死亡保険金の受取人が相続を放棄した者の場合，その者には生命保険金等の非課税措置の適用はなく，その非課税メリットは他の相続人に

移転します。

【設 例】

父の死亡により，その配偶者，長男，長女はそれぞれ次の通り生命保険金を取得した。なお，長男に事業を継がせるため，長女は相続放棄をしている。

- 配偶者　3,000万円
- 長　男　1,000万円
- 長　女　2,000万円

＜保険金の非課税限度額＞

500万円×3人（相続放棄者の分もカウントする）＝1,500万円

＜各相続人の非課税金額＞

- 配偶者　$1,500万円 \times \dfrac{3,000万円}{3,000万円 + 1,000万円} = 1,125万円$

- 長　男　$1,500万円 \times \dfrac{1,000万円}{3,000万円 + 1,000万円} = 375万円$

---

(2) 生命保険と課税関係

そもそも契約者であり被保険者でもある被相続人の死亡により，配偶者等に支払われる死亡保険金（保険金請求権）は，保険受取人（配偶者等）の固有の財産であり，相続財産には含まれません。しかし，被相続人が保険契約者として保険料を負担し，相続人が被相続人の死亡という事実を原因にして保険金相当額という経済的価値を取得していることから，本来の相続財産と経済的実態は同視され，これを相続税の課税財産から外すと，課税の公平の観点から問題があるため，相続税法上は「みなし相続財産」として課税対象としています（相法3①一）。

被相続人の死亡により支払われる死亡保険金の課税関係は，概ね以下の通り整理できると思います。保険契約者と被保険者とが同一の場合，死亡保険金に対して相続税が課されることになります。なお，相続人の所得の状況によって

は，相続税の課税よりも所得税（一時所得）の課税の方が有利になることもありますので，ご注意ください。

○ 保険の契約関係と課税

保険契約者	被保険者	保険金受取人	課税関係
被相続人	被相続人	被相続人	相続税（本来の相続財産）
被相続人	被相続人	法定相続人	相続税（みなし相続財産）
法定相続人	被相続人	法定相続人	所得税（一時所得）
法定相続人A	被相続人	法定相続人B	贈与税（みなし贈与）

(注) 保険契約者が保険料を負担しているものとします。

(3) 納税資金や代償金の確保

相続財産の大半が不動産や非上場株式には，換金性が乏しかったり，売却すると事業の継続に支障を来たすため，相続税が課されたとき納税資金に困る場合があります。そのようなときには，生命保険に加入することにより納税資金を確保することができます。

また，代償分割（Q17参照）のときの代償金を生命保険により準備するという方法もよく利用されます。

(4) 相続放棄をしても生命保険金は受け取れる

保険契約者・被保険者が被相続人，保険金受取人が法定相続人の場合，法定相続人が相続放棄をしても，死亡保険金は相続財産には該当しないので，保険金を受け取ることができます。したがって，被相続人に多額の借金がある場合，相続放棄をすることにより，債務を承継することなく保険金を受け取ることができます。

被相続人に多額の借金がある場合，保険金で借金を返済できるときには相続してもいいでしょうが，保険金よりも借金額の方が多い場合には，迷わず相続放棄を検討すべきでしょう。

Q29 「生命保険に加入する際留意すべきことは？」

財産が自宅家屋と敷地のほか僅かばかりの預貯金しかないことに加え、体の弱い妻に確実に財産を残したいことから、生命保険に加入しようと考えています。生命保険加入に際し留意すべき事項を教えてください。

A 奥様を保険金受取人とする生命保険に加入すれば、死亡保険金は保険会社から直接奥様の口座に振り込まれるため、財産を確実に残すことができます。このような確実性が、生命保険加入のメリットと言えます。それでは、相続対策として生命保険に加入する際留意すべき事項を以下で見てみましょう。

(1) 健康状態

生命保険は被保険者の健康状態により加入の可否が決定されます。高齢になり病気のリスクが高まると、生命保険の加入自体が困難になったり、保険金額が制限されたりしますので、必要な保険の加入は早めに行うことが肝要です。

(2) 支払方法

多額の現金を用意できる場合等特殊なケースを除き、一般に保険料の支払いは月次払いとなるでしょう。その場合、有期払いよりも終身払いにした方が月々の保険料負担が軽減されます。

(3) 保険金受取人等の名義

前問でみたとおり、保険契約者・被保険者・保険金受取人の名義が誰かにより、課税関係が変わってきます。相続税課税による有利な取扱いを受けられるか、保険金受取人等の名義をきちんと確認しましょう。保険の名義変更は保険

会社に連絡すれば比較的簡単に行うことができますので，名義変更が必要な時は億劫がらずに行っておきましょう。

なお，籍を入れないままの，事実婚の配偶者は，かんぽ生命など一部の保険会社を除き死亡保険金の受取人にはなれないので，ご留意ください（事実婚の相続税の取扱いについてはQ60参照）。

(4) 税制改正のリスク

個人事業者や会社のオーナーの場合，既に節税目的の保険に加入している場合が多いですが，中には人為的で行き過ぎた「節税商品」に加入しているケースも散見されます。このような商品については税務当局が常に眼を光らせており，過去に何度も税制改正等で節税策を封じられてきた経緯があり，要注意です。

最近でも，例えば，平成22年度の税制改正で，有期年金受給権の評価方法が改正され，これを利用した節税の道が閉ざされました*。

したがって，過度に評価額が圧縮されるような保険を用いた節税策には，税制改正等により道を塞がれるリスクが常に付きまとうということを意識すべきでしょう。相続税対策というのは時間をかけて行うのが通常ですので，実行時に問題なくとも相続開始時までに封じられる可能性は少なからずあるのです。

（注）定期金に関する権利について，従来の評価方法は下記のように実態と乖離していました。

【設　例】

保 険 契 約：一時払い変額個人年金

払込保険料：32,000,000円

支 払 期 間：10年間の確定年金

支払保険金の額：年額3,398,000円（総額33,980,000円）

保険金の受取人：被相続人の配偶者

（課税価格）

被相続人の死亡時に当該確定年金の支払期間が10年間残っていた場合，当該

保険は残存期間10年間の有期定期金として評価され，以下の金額が相続税の課税価格に算入されます。

$$33,980,000円 \times \frac{60}{100} = 20,388,000円$$

その結果，払込金額32,000,000円との差額11,612,000円分の課税価格が「合法的に」圧縮されたことになります。これは，有期定期金の割引率が，現在の市場利子率よりもかなり高く設定されているために起こった現象でした。

しかし，平成22年度の税制改正により，この評価方法の採用はできなくなり，代わって，有期定期金については，以下の①〜③までのうち最も多い金額で評価することとなりました。

① 解約返戻金相当額
② 定期金に代えて一時金の給付を受けられる場合には，当該一時金相当額
③ 1年間に受けるべき金額×残存期間に応じた約定利率の複利年金現価率

上記の設例の場合，仮に③が最も多い金額で，かつ，約定利率（1.5%と仮定）の複利年金現価率が9.222となるときは，以下の金額が評価額となります。

$$3,398,000円 \times 9.222 = 31,336,356円$$

その結果，払込金額との差額が極僅か（663,644円）となり，従来と比較して節税メリットがほとんどなくなりました。

(5) 人の死の不確実性というリスク

(4)とも関連しますが，相続対策を行った時と相続開始時までタイムラグがあるため，相続対策を行ったときの意図に反する結果となる可能性があります。それは，計画時に財産を残そうとした推定相続人が，被相続人より先に亡くなることが往々にしてあるということです。一般に，人間は年長者の方が先に死にますが，親よりも子の方が先に死ぬケース（逆縁という）もままあります。配偶者や子に生命保険金を残そうと契約したものの，その者たちが先に亡くなったために，保険金を予期せぬ相続人が取得することもあります。こればかりは避けられないリスクとして覚悟しておくべきでしょう。

Q30

「節税目的の養子縁組は有効？」

相続税の基礎控除額は，法定相続人の数が多いほど多くなります。また，生命保険金や死亡退職金の非課税枠も同様です。したがって，相続税の節税目的のためには，養子縁組が有効ということになると思いますが，いかがでしょうか？

A 遺産に係る基礎控除額の計算は，次の算式により行います（相法15①）。

> 5,000万円＋（1,000万円×法定相続人の数）

したがって，おっしゃっている考え方は，ある程度有効ですが，残念ながら制限があることをご理解ください。

(1) 法定相続人と養子の数の制限

民法上，養子の数には制限がありません。また，かつては，相続税法上も法定相続人の数に含める養子の数には制限がありませんでした。しかし，地価が高騰したバブル期において，富裕層の間で，法定相続人に該当しない子の妻や孫，孫の妻を養子にして，相続税の負担を軽減する動きがみられました。そのため，昭和63年4月28日の税制調査会の答申を受けて，昭和63年の税制改正によって，基礎控除額算定に関し，相続人の数に含める養子の数は，次のように制限されました（相法15②）。

① 被相続人に実子がある場合又は被相続人に実子がなく養子の数が1人である場合 → 1人
② 被相続人に実子がなく，養子の数が2人以上である場合 → 2人

なお，当該制限は，退職手当金・生命保険金の非課税枠の計算においても適

用されます（相法12①五，六）。

(2) 養子が実子とみなされる場合
ただし，相続税法上，一定の養子は実子とみなされます。具体的には以下のようなケースです（相法15③）。
① 特別養子制度（民法817の2①）により養子となった者
② 被相続人の配偶者の実子で被相続人の養子となった者
③ 被相続人との婚姻前に配偶者との特別養子縁組により養子となった者で，その婚姻後被相続人の養子となった者
④ 実子若しくは養子又はその直系卑属で相続開始以前に死亡し，又は相続権を失ったため法定相続人となったこれらの者の直系卑属

上記のうち，特に②が重要だと思われます。すなわち，配偶者に連れ子がいる場合，被相続人と養子縁組しない限り，その子は被相続人の相続に関し相続権はありませんが，養子縁組をした場合，相続税法上，上記規定から単なる養子ではなく実子とみなされるというわけです。このようなケースでは，相続税法上も養子縁組をする意義があると言えましょう。

(3) 養子縁組の規制がかからないもの
相続税法上，以下の控除には養子縁組による制限がかかりません。
① 未成年者控除
② 障害者控除

Q31 「相続税の納税資金はどう準備する？」

先日亡くなった父親が残した財産は，少額の預貯金と自宅のほかに，住宅地にある貸駐車場用地があります。自宅は母が，預貯金は妹が相続することになり，私は駐車場用地を相続しましたが，この評価額が意外に高く，かなりの納税額となりそうです。サラリーマンである私の預貯金では相続税を支払うのが厳しい見込みですが，このような場合どうすればよいのでしょうか？

A 相続財産が換金性に乏しい又は換金することが困難な場合，納税資金の確保に窮する納税者の方も多いでしょう。そのような場合の対策として，以下でいくつか見ていきたいと思います。

(1) 延　　納

延納とは，相続税額を分割払いで納付するというものです（相法38～40）。延納が認められると，5年から20年の分割払いで相続税額を納付します。延納が認められる要件は以下のとおりです。

① 納付すべき相続税額が10万円を超えていること
② 納期限までに現金で納付することが困難であること
③ 担保を提供すること（延納金額が50万円以上であるか，延納期間が3年を超える場合）
④ 納期限までに延納申請書を税務署に提出すること

なお，延納が認められた場合であっても，取得した財産の内容に応じて利子税を納める必要があります。銀行等の金融機関からの借入金の方が返済条件の面で有利な場合もありますので，いずれが有利か早めに検討することをお勧めします。

(2) 物　　納

分割払いでも相続税額の納付が困難な場合には，相続財産そのもので納めるという物納という方法も認められています（相法41～48の3）。ただし，物納は最終手段という位置づけのためか，要件は以下のとおり延納と比較して更に厳しくなっています。

① 延納によっても相続税の納付が困難であること
② 以下のような物納可能な財産であること
　　　　第1順位：国債・地方債・不動産・船舶
　　　　第2順位：社債，株式，証券投資信託又は貸付信託の受益証券
　　　　第3順位：動産
③ 納期限までに物納申請書を税務署に提出すること

さらに，上記に該当する財産であっても，抵当権の目的となっている不動産や権利の帰属に争いがある不動産等（管理処分不適格財産）は，物納することができません。

なお，物納財産は相続開始時の相続税評価額で評価され納付に充てられます。したがって，時価が相続税評価額を上回っている場合には，物納ではなく，譲渡益課税等の諸経費を考慮しても時価により売却した方が有利となるケースもありますので，慎重に検討されることをお勧めします。

(3) 延納から物納への変更

以前の税法では，物納から延納への変更は問題ありませんでしたが，延納から物納への変更は認められていませんでした。しかし，平成18年の税制改正で，延納の許可を受けた者が，その後の経済状況の変化等により延納によって納付することが困難な場合には，相続税の申告期限から10年以内であれば申請により，物納に変更することができるようになりました（特定物納，相法48の2）。

(4) 生命保険の活用

財産の大半が預貯金以外の換金性の乏しいものである場合には，生命保険に

Ⅱ 相続発生前から始める相続節税対策

加入し,死亡保険金を納税資金に充当するという方法も考えられます(Q28参照)。

(5) 収益性不動産の間接保有による節税

相続発生前であれば,以下のような方策を採ることにより,相続税額を圧縮することもできます。

【設 例】
- 駐車場用地(所有期間10年超) 時価20,000万円(取得費10,000万円)
  →第一次相続時の相続税評価額：36,000万円
- 資産管理会社(法人・資本金20,000万円)に上記駐車場用地を20,000万円で譲渡する。
- 法人は上記土地のみ保有するため,土地保有特定会社に該当し,純資産価額で評価する。
- 法定相続人は配偶者,長男,長女の三人とし,法定相続割合で相続するものとする。
- 第一次相続と第二次相続間で不動産の時価(相続税評価額)に変動がないものとする。

<法人保有の場合の相続税>

① 課税価格(法人株式)

36,000万円－(36,000万円－20,000万円)×42％＝29,280万円

　　　　　　　清算所得に対する法人税等
　　　(平成22年10月1日以後の相続等からは45％となる予定)

② 相続税額

　ア．第一次相続　　2,174万円
　イ．第二次相続　　1,128万円
　ウ．合　　計　　　3,302万円

＜法人への譲渡に係る譲渡所得税＞
　　(20,000万円－10,000万円)×20%（地方税を含む）＝2,000万円
＜個人保有のままの場合の相続税＞
　①　課税価格（駐車場用地）
　　36,000万円
　②　相続税額
　　ア．第一次相続　　3,350万円
　　イ．第二次相続　　1,900万円
　　ウ．合　　計　　　5,250万円

　将来の値上がりが予想される不動産については，直接保有ではなく，法人を通じた間接保有の方が相続税対策上一般に有利になります。ただし，ここでネックになるのは，法人へ不動産を譲渡したときに課される多額の譲渡所得税です。多額の譲渡所得税が課されることが想定される場合には，例えば事業用資産の買換えの特例の適用により，譲渡所得税の軽減を検討すべきでしょう。

＜買換えの特例の適用を受けた場合＞
・貸駐車場を法人に譲渡した年において，別の保有土地に，事業用資産の買換えの特例(80%減額)の適用が受けられる賃貸マンションを20,000万円で建設する（措法37①十五該当）。
　①　譲渡収入金額　　20,000万円－20,000万円×80%＝4,000万円
　②　取　得　費　　　10,000万円×20%＝2,000万円
　③　課税長期譲渡所得金額　　4,000万円－2,000万円＝2,000万円
　④　譲渡所得税額　　2,000万円×20%（地方税を含む）＝400万円

Q32

「共同相続人の連帯納付義務とは？」

私の父が亡くなったため、その財産を相続人である母と私、弟の3人で相続しました。うちの家系は本家に当たり、昔ながらの古い考え方が未だに支配していて、財産の大半を長男である私が相続しました。その代わりと言っては何ですが、財産に対して課された相続税も私が弟の分も含めて全部納めてしまいました。このような場合、何か問題になるのでしょうか？

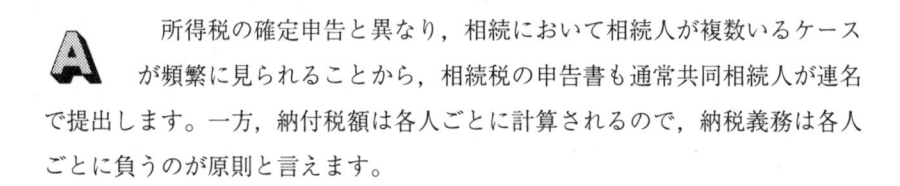

A 所得税の確定申告と異なり、相続において相続人が複数いるケースが頻繁に見られることから、相続税の申告書も通常共同相続人が連名で提出します。一方、納付税額は各人ごとに計算されるので、納税義務は各人ごとに負うのが原則と言えます。

(1) 連帯納付義務とは

しかし、相続税実務においては、税額が多額に上るケースが多く、各人にそれぞれ納税義務を負わせるだけでは確実に納付される保証がないことから、共同相続人相互間など一定の者間において、互いに連帯納付の義務を負わせています（連帯納付義務、相法34）。これはもっぱら租税債権確保のための措置と言えましょう。したがって、長男が次男の納付すべき税額をも納付したこと自体は、何ら問題がありません。

(2) 他の相続人の税額を支払った場合

共同相続人間の連帯納付義務に伴う法律関係は、民法上の連帯保証債務に準ずるものと解されています。そのため、ある相続人が負担すべき税額を他の相続人が納付した場合には、本来の納税義務者に対して求償権を行使できるとい

うことになります。

　本件の場合も，その地方独特の慣習の有無に関わらず，長男は二男に対し求償権を行使すべきとなり，仮に行使しなかったり放棄した場合には，二男に対する贈与税の課税問題が生じることとなります（相基通8－3(1)）。

　ただし，二男が相続した財産を遊興費や借金の返済に充てた等から資力を失い，求償権を行使することが不可能な場合においては，敢えて贈与税を課さないこととしています（相基通34－3）。

　したがって，長男は二男から相続税相当額を少しずつでも返済してもらうようにすべきでしょう（利息を付す必要あり）。

Q33

「相続の際不動産の共有は避けるべき？」

　遺言書を残さず先日亡くなった父親の相続財産の中に，自宅と軽井沢にある別荘の敷地と建物があります。相続人は配偶者である母親と長男の私，二男である弟の3人ですが，不動産については取りあえず法定相続分で共有にしてしまおうと考えています。ところが，知り合いの税理士が，共有だと争いの元になりやすいので避けた方がいいと言われました。これはどういうことなのか，説明してください。

　A　相続人が複数いる場合，不動産を法定相続分で相続すると，相続人間での共有となりますが，共有者の名義によっては後の争いの元となりかねないと言われます。共有の不動産は，共有者全員の同意がないと売却・担保提供その他の有効活用に支障を来たしますが，共有者の利害が対立すると何もできなくなってしまうことが往々にして起こってしまいます。これが単独所有の場合とは異なる共有不動産の難しさです。

　共有にしても問題になりにくいケースとなりかねないケースを以下で見ていきましょう。

(1) 共有にしても問題のないケース

　不動産を相続人間で共有にすることは必ずしも悪いわけではありません。例えば，母と子が父の不動産を共有で相続した場合，第二次相続で母の持分を子が相続すれば，その不動産は子の単独所有となります。母が当該不動産に住み続け，子のうちの1人が同居して母の面倒をみる場合には，これが実態に適った合理的な相続方法と言えるでしょうし，第二次相続での争いも回避できます。

(2) 共有にしたら問題となりかねないケース

一方，兄弟や姉妹での共有の場合，問題になりかねません。特に問題となりやすいのが兄弟での共有です。相続時は兄弟の仲が良くても，時の経過につれ仲違いをおこすことは珍しくありません。また，兄弟の配偶者も絡んでくると話がさらにややこしくなります。さらに，次の世代まで持ち越すと，親族としてのつながりがさらに希薄化して，不動産活用に関して同意を得るのは一層困難になることが想定されます。争いの芽は予め摘んでおくのが賢い相続対策と言えましょう。

(3) 取得費加算の特例に関する留意事項

前述の通り，相続財産を譲渡した場合，申告期限の翌日から3年以内であれば，その譲渡所得の計算上，相続税の取得費加算の特例の適用があります（措法39，措令25の16，**Q14** 参照）。しかし，以下のような共有のケースについては，この特例の適用について注意する必要があります。

① 夫婦共有財産を相続したケース

夫婦で共有している不動産のうち，夫の持分を妻が相続し，3年以内にその不動産全体を譲渡した場合には，相続した持分については取得費加算の特例の対象となりますが，もともと妻が所有していた持分については，対象外となります。

② 法定相続割合で妻と子が相続したケース

取得費加算の特例は，相続税の納税額があることが前提となっています。したがって，法定相続割合で不動産を取得した場合，配偶者である妻は配偶者に対する相続税の軽減により相続税の納税額がゼロになっているものと思われますので，取得費加算の特例の適用はありません。

このような配偶者が取得費加算の特例の適用を受けるためには，法定相続割合よりも多い額の財産を取得し，相続税を納める必要があります。

Ⅱ　相続発生前から始める相続節税対策

Q34

「更正の請求はどういうときに行う？」

相続税の申告については，申告期限までにすべての条件が調って申告を行うことができるとは限らないので，当初申告の是正を請求する「更正の請求」を行うケースが多いと聞きました。実際にどういうときに更正の請求を行うのでしょうか？

A　相続税の場合，更正の請求は頻繁に活用されますので，相続税の申告を行う者はその概要をつかんでおくとよいでしょう。

(1) 更正の請求とは

一般に更正の請求とは，申告書＊を提出した者が，その提出後に課税価格や税額が過大であることに気付いたため，それを是正するために，法定申告期限の1年以内に限り，その課税価格や税額を適正な数値に訂正するように所轄税務署長に「更正の請求書」を提出することを指します（通法23①）。ただし，法定申告期限の1年経過後であっても，裁判の確定などの事由が生じたときは，その事由が生じた日の翌日から起算して2か月以内に更正の請求をすることができます（通法23②）。

（注）　期限内申告書，期限後申告書及び修正申告書を指します。

(2) 相続税と更正の請求

相続税の場合には，申告書提出後に税額の変動を引き起こすような事象が発生することが少なくありません。したがって，相続税の申告書提出後，以下のような事由が生じた結果課税価格及び相続税額が過大となったときは，その事由が生じたことを知った日の翌日から4か月以内に限り，更正の請求により税額の是正を図ることができます（更正の請求の特則，相法32）。

① 未分割遺産につき分割が行われ，共同相続人又は包括受遺者が分割により取得した財産に係る課税価格が未分割時の課税価格と異なる場合
② 民法の規定による認知，相続人の廃除又はその取消しに関する裁判の確定，相続の回復，相続の放棄の取消しその他の事由によって相続人に異動が生じた場合
③ 遺留分の減殺請求に基づき返還すべき金額又は弁済すべき金額が確定した場合
④ 遺贈による遺言書が発見され，又は遺贈の放棄があった場合
⑤ 条件を付して物納が許可された場合において，物納財産である土地の土壌が有害物質により汚染されていることが判明した等の事実が生じた場合（相令8①一，二）
⑥ 相続若しくは遺贈又は贈与により取得した財産ついての権利の帰属に関する訴えについての判決があった場合（相令8②一）
⑦ 相続の開始後に認知された者の価額の支払請求権(民法910)の規定による請求があったことにより弁済すべき額が確定した場合（相令8②二）
⑧ 条件付の遺贈について条件が成就した場合（相令8②三）
⑨ 相続人不存在の場合に，民法958条の3第1項の規定により，特別縁故者に相続財産が分与された場合
⑩ 配偶者に対する相続税額の軽減規定の適用に当たり，相続税の申告書の提出期限までに遺産分割ができなかった場合において，その後，申告期限後3年以内（又は申告期限後3年以内に分割できないことについて止むを得ない事情があり，それにつき所轄税務署長の承認を受けた場合には，その遺産の分割ができるようになった日の翌日から4か月以内）に分割が行われ，その分割に基づいて配偶者の税額軽減規定を適用して計算した相続税額が，既に確定している相続税額と異なることとなった場合＊（①に該当する場合を除く）

(注) なお，この場合は一般の更正の請求（通法23）事由にも該当するので，その請求期限は，分割が行われた日から4か月を経過する日と，申告書の提出期限から1年を経過する日のいずれか遅い日となります（相基通32-2）。

⑪ 贈与税の課税価格計算の基礎に算入した財産のうちに相続税法21条の2第4項（相続開始前3年以内に贈与があった場合の贈与税の課税価格）の規定に該当するものがあった場合

(3) 更正の請求が認められない場合

例えば，小規模宅地等の特例の適用を受けるため，当初申告で宅地Aを選択していたものの，宅地Bを選択した方が有利であるため，更正の請求を行っても認められません。何故なら，宅地Aの選択そのものは税法に従っており，計算誤り等がないためです。ご注意ください。

Q35

「更正の請求の期限が途過した場合にはどうする？」

　今から2年ほど前に父親の相続があり，親戚の紹介で公認会計士に依頼して相続税の申告を行いました。先日学生時代の友人である税理士と飲む機会があり，その時の相続財産の内容を話したところ，相続財産である不動産の中に，傾斜地に該当する宅地があり，評価減が受けられる旨のアドバイスを受けました。会計士に任せていた当初の申告ではこのような補正を行っていませんので，税額が過大になっていますが，申告期限から既に1年を途過している今回のような場合，前問で説明のあった更正の請求の対象となるでしょうか？

　A　お尋ねのケースは，がけ地を有する宅地の評価に関し，がけ地に該当する部分の補正（がけ地補正）を行っていないため，当該宅地の評価額が高くなったため，相続税額も過大になったということだと思われます。

(1) 過大となった税額の是正

　過大となった税額の是正は，前問で説明したとおり，更正の請求という方法によることとなります。一般の更正の請求は法定申告期限の1年以内に，更正の請求の特則に該当する場合は該当する事由が生じたことを知った日の翌日から4か月以内に，手続きを行う必要があります。

　本件の場合，申告期限から既に1年を途過しており，また，更正の請求の特則の各要件にも該当しませんので，原則として更正の請求は認められません。

(2) 更正の請求の期限が途過した場合の対応策

　更正の請求の期限が途過した場合，原則として更正の請求は認められませんが，是正の道が全く閉ざされてしまうかと言えば，そうでもありません。採り

Ⅱ　相続発生前から始める相続節税対策

得る手段としては，「嘆願書」を提出することで，税務署長の職権による減額更正を求めるということが考えられます。税務署長の職権による減額更正は，法定申告期限から5年間行うことができますので，嘆願書の提出も理論上は法定申告期限から5年以内ということになります（通法24，70②一）。

ただし，税務署長が減額更正を行うかどうかは，その調査の結果判断するものであり，嘆願書が提出されたからと言ってその通り処理すべきものとされているわけではありません*。本件の場合も認められるかどうかは分かりませんが，「駄目もと」のつもりで嘆願書を提出することを検討されてはいかがでしょうか。

(注)　なお，嘆願書による職権減額更正については，税務署長の自由な裁量にゆだねられることから，納税者間で不公平が生じ得るため問題であるという批判もあります。

Q36

「成年後見制度とは？」

　私の父は今年80歳を迎え，最近足腰の衰えに加え，記憶力や判断力が鈍ってきております。3年前に母が亡くなって以来一軒家に一人暮らしですが，近くに住む私がなるべく家に寄って世話をするように努めています。しかし，私の眼の届かないところで，様々な訪問販売の営業マンやリフォーム業者と会って，知らぬうちに契約させられるということになりはしないか，心配でなりません。そのような被害からお年寄りを守る制度として，成年後見制度と言うのがあるようですが，どういうものか教えてください。

　　　　　成年後見制度とは，認知症，知的障害，精神障害などの理由で，判断能力の不十分な方々の権利を保護し，支援してゆくため，平成12年4月からスタートした制度です。成年後見制度には，大きく分けて法定後見制度と任意後見制度の二つがあります。

(1) 法定後見制度

　法定後見制度は更に「後見」「保佐」「補助」の三つに分かれます。この三類型の違いを表にまとめると概ね以下のとおりとなります。

Ⅱ　相続発生前から始める相続節税対策　Q36

○ 法定後見制度の三類型と異同

	後見	保佐	補助
対象者	判断能力が欠けているのが常態の者	判断能力が著しく不十分な者	判断能力が不十分な者
申立てをできる者	本人，配偶者，四親等以内の親族，検察官，市区町村長など(注1)		
保護機関	成年後見人（成年後見監督人）	保佐人（保佐監督人）	補助人（補助監督人）
保護機関の同意が必要な行為	―	借金，訴訟行為，相続の承認・放棄，新築・改築・増築等，民法13条1項所定の行為(注2)	申立ての範囲内で家庭裁判所が審判で定める「特定の法律行為」（民法13条1項所定の行為の一部）
取り消しが可能な行為	日常生活に関する行為以外の行為	上記については取り消し可能	上記については取り消し可能
保護機関に与えられる代理権の範囲	財産に関するすべての法律行為	申立ての範囲内で家庭裁判所が審判で定める「特定の法律行為」(注1)	申立ての範囲内で家庭裁判所が審判で定める「特定の法律行為」(注1)

（法務省ホームページを基に作成）
（注1）　本人以外の者の請求で保佐人に代理権を与える場合，本人の同意が必要。補助開始の審判や補助人に同意権・代理権を与える審判をする場合も同様。
（注2）　家庭裁判所の審判により，民法13条1項所定の行為以外の行為についても，同意権・取消権の範囲を広げることが可能。

また，成年後見等に関する統計は以下のとおりとなっています。

○ 成年後見等の件数（平成20年1月～20年12月）

	後見開始	保佐開始	補助開始	任意後見監督人選任	合計
認容件数	20,695	2,273	896	326	24,190

○ 成年後見人等と本人との関係（平成20年1月～20年12月）

属性	親族 (68.5%)					その他 (31.6%)					
	親	子	兄弟姉妹	配偶者	その他親族	弁護士	知人	法人	司法書士	社会福祉士	その他
割合	6.2%	32.5%	11.0%	7.6%	11.2%	9.1%	0.5%	2.0%	11.4%	6.6%	2.0%

（出典）　最高裁事務総局家庭局「成年後見関係事件の概況」

旧法では配偶者が当然に後見人になるとされていましたが（旧民法840，847），新制度の下では家庭裁判所が職権で適任者を選任することとなり，上記のように親族以外の者が選任されるケースも少なくなく，またその割合も年々増加しています。

① 後　　見

認知症・知的障害・精神障害といった精神上の障害により，判断能力が欠けているのが常態の者（被後見人）を保護・支援するため，保護機関としての後見人を選任し，当該後見人に被後見人の財産管理や身上監護（生活の手配）に関する事務処理を遂行させる制度です。

後見が開始すると，本人（被後見人）は選挙権・被選挙権を失い，印鑑登録は抹消される上，医師・税理士等の資格や会社役員の地位を失うこととなります。

成年後見人の主たる任務は被後見人の財産を管理し，財産に関する法律行為の代理を行うことです。それと同時に，被後見人が日常生活を営む上で必要な衣食住の調達や確保，病気の際の通院や入院に関する手続き，老人ホーム等の施設への入退所の手続き，病院や施設での生活状況の把握・改善といった事項への対処も合わせて行うことが要請されています。その際には，本人の意思を尊重し，その心身の状態や生活状況に配慮しなければならないとされています（身上配慮義務，民法858）。すなわち，成年後見人は被後見人の日常生活への全面的なコミットメントを求められているということが言えます。したがって，実際に成年後見人に就任するのは，被後見人の身内であるケースが大半を占めています。

② 保　　佐

認知症・知的障害・精神障害といった精神上の障害により，判断能力が著しく欠けている者（被保佐人）を保護・支援するため，保護機関としての保佐人を選任し，法律で定められた一定の行為について，当該保佐人に同意権を与える制度です。保佐人の同意を得ないでした行為については，本人又は保佐人が後から取り消すことができます。また，被保佐人本人の申立て又は同意があるときは，保佐人に特定の法律行為について代理権を付与することができます。

保佐が開始すると，本人（被保佐人）は医師・税理士等の資格や会社役員の地位を失うこととなります。

なお，保佐は従来の準禁治産に代わるものですが，準禁治産宣告の対象となっていた浪費者は，個人の財産処分の自由を謳う新制度の下では，保佐の対象から除かれています。

③ 補　　助

軽度の精神上の障害により判断能力が不十分な方を保護・支援するため，保護機関としての補助人を選任し，特定の法律行為について，当該補助人に同意権・取消権や代理権を与える制度です。

後見・保佐・補助の違いは，対象者の精神上の障害の程度と考えられ，その重い順に後見・保佐・補助に分類されます。精神上の障害の程度については，医師の手による診断書（補助の場合）や鑑定（後見・保佐の場合）に基づき，家庭裁判所が判断することとなります。

(2) 任意後見制度

任意後見制度は，本人に十分な判断能力があるうちに，高齢化に伴う認知症等の進行によって判断能力が不十分な状態になることに備えて，予め自ら選んだ代理人（任意後見人）に，自分の生活，療養看護や財産管理に関する事務について代理権を与える契約（任意後見契約）を公正証書により行うという制度です。その結果，認知症等の進行により本人の判断能力が低下した後に，任意後見人が，任意後見契約で定められた事務について，家庭裁判所が選任する「任意後見監督人」の監督の下，本人を代理して契約などをすることにより，本人の意思に従った適切な保護・支援をすることが可能になります。

任意後見制度の特徴は，本人に十分な判断能力があるうちに，自分で契約を締結することにあります。したがって，誰でも認知症になることが想定される現代社会において，頭が未だしっかりしているうちに，将来症状が出て判断力が低下した時に備えて，本人に代わって財産を管理し身上監護を行う後見人（任意後見人）を予め選んでおけば安心であるという人には，頼りになる制度で

あると言えます。

なお，当該制度の場合，任意後見人に同意権はありません。

(3) 居住用不動産の処分

最高裁の統計によれば，後見制度の申立ての動機で一番多いのは財産管理処分です（60.0%）。その中で，有料の老人ホームへの入居資金等に充てるため，本人の居住用不動産を売却するというケースも多いでしょう。ここで注意すべきは，成年後見人，不動産の処分に関する代理権を付与された保佐人・補助人が本人の居住用不動産を処分するときは，家庭裁判所の許可が必要となるということです（民法859の3，876の3②，876の8②）。

なお，「処分」には売却のほか，賃貸，賃貸借の解除，抵当権の設定等が含まれます。

Q37

「成年後見制度は相続税節税対策のネックとなり得る？」

前問で，成年後見制度の概要は理解できました。ところで，私は父が近い将来認知症を発症することに備えて，任意後見契約を締結するとともに，財産管理については弁護士等の専門家に任せたいと考えており，父もそれに賛成してくれました。ところが，父の確定申告を依頼している税理士から，「成年後見制度を利用すると，財産管理に制約が加えられ，以後相続税の節税対策ができなくなる」と言われました。本当にそうなのでしょうか？

A お父さんの確定申告を担当しておられる税理士の主張にも一理あると思われます。それはどういうことか，以下で見てみましょう。

(1) 後見人に対する裁判所の監督強化

弁護士・司法書士等の専門家がその専門的知識を信頼されて成年後見人になるケースは増加していますが，一方で，その信頼を裏切るような事件も起きています。例えば，行政書士がある高齢者の任意後見人になり，暴力団員と結託して不動産取引やリフォーム等の名目で多額の財産を騙し取るという事件や，成年後見人に選任されていた司法書士が被後見人の預金を引き出して着服するという事件が報じられています。

そのため，裁判所は従来以上に後見人の選任については慎重になっており，より中立的な立場の者を選任し，かつ，財産管理について厳格かつ適正な運用を行うよう，後見人の指導・監督を強化しています。制度の定着，適切な運用を図る上で，これは止むを得ない措置と考えられます。

今検討されている任意後見は，お父さんが認知症になってから開始するものですが，もしかしたら財産管理契約とセットで公正証書により契約し，財産管

理契約については認知症になる前から先にスタートすることを検討されているのかもしれません。その場合の財産管理契約は、後見監督人や裁判所のチェックを受けるものではないことから、不正が起こりやすいので、注意が必要です。

(2) 相続税対策と成年後見制度

　財産を一定額以上保有している富裕層が当該制度を利用する場合、財産の処分に制約が加えられ、結果として相続人にとって望ましくない事態に陥るケースも散見されます。

　問題となるのは第一に、後見人の選任についてです。後見人は申立人が候補者を挙げて申請しますが、身上監護については被後見人の親族がそのまま選ばれるケースが多いものの、財産管理については、申立人の申請した専門家（弁護士等）ではなく、裁判所が選任した別の専門家（弁護士等）が担当することも少なくありません。これは、管理対象の財産が高額に上る場合、過去に起きた制度を悪用した事件の反省から、財産管理業務については、本人や申立人等の利害関係者から中立的な専門家が別途選任されるためです。この場合、被後見人の親族と後見人との間でスムーズな意思疎通を図るのが困難になりがちです。

　第二に、財産管理の硬直性が指摘されます。すなわち、裁判所が選任した後見人は本人の財産の保全を第一に考えることから、たとえ目的が相続税の節税対策のためであり、それがひいては本人と相続人のためになるものだとしても、生前贈与や抵当権の設定、賃貸借契約の締結、有価証券の運用といったことが、事実上一切できなくなるのです。

　ただ、だからと言って、裁判所や職務に忠実な後見人を責めるのは筋違いと言うものでしょう。成年後見制度の利用を考えている方は、成年後見制度の趣旨を踏まえ、相続税対策が必要な場合には、税理士とも十分相談の上、事前に入念な準備を行い当該制度を利用する前に実行するなどの工夫をすべきでしょう。

Q38

「第二次相続を考慮した相続税対策とは？」

　私は高校卒業以来，がむしゃらに働いてきてそこそこの財産を築きましたが，今年で還暦を迎え，自分の財産をどうするかいろいろ気になっているところです。相続に当たっては相続税の負担をなるべく軽減したいと思いますが，一方で，妻は私よりも年上のため，妻に財産をたくさん残すよりも次の世代に移転させた方が，結局は節税につながるのではという思いもあります。私のようなケースでは，相続税対策はどのように考えたらよいのでしょうか？

　A　相続税対策というと，とかく財産を築いた者の財産を，相続税負担を最小化しつつどう相続人に移転させるのか，という点に力点が置かれがちです。しかし，被相続人の配偶者も高齢であれば，配偶者の相続（第二次相続）もそう遠くない将来に起こります。その場合，相続税負担を減らすため配偶者に財産をできる限り相続させるよりも，第一次相続で次の世代（子供や孫）に財産を移転させる方が，第二次相続までの相続税負担を考慮すると得策となる場合もあります。すなわち，目先の相続だけにとらわれない柔軟さが真の相続税対策につながるということです。

(1) 第二次相続まで比較的時間があると想定される場合

　配偶者が比較的若い場合又は配偶者の健康状態が良好な場合など，第二次相続まで比較的時間があると想定される場合には，配偶者の今後の生活の安定を考慮して，ひとまず配偶者に法定相続分をベースにした財産を相続させ，相続税法上の配偶者の税額軽減の規定（相法19の2）を最大限に活用することが有効と言えます。

　第二次相続対策は第一次相続で確定した財産分割をベースに，最新の法令に

基づき十分に検討することとなります。

なお，配偶者の相続税額の軽減規定とは，以下の算式により計算された金額が配偶者の相続税額から控除されるというものです。

○ 配偶者の相続税額の軽減額

$$\text{相続税の総額} \times \frac{\text{次の①又は②のいずれか少ない方の金額}}{\text{相続税の課税価格の合計額}}$$

① 相続税の課税価格の合計額に配偶者の法定相続分を乗じた金額（ただし1億6,000万円未満の場合には1億6,000万円）
② 配偶者の課税価格（原則として未分割の財産は除かれます）
（注）いずれの価格にも配偶者が隠ぺい又は仮装した財産に係るものを除きます。

(2) 第二次相続まで間がないと見込まれる場合

一方，配偶者が高齢の場合等，第二次相続まで間がないと見込まれる場合には，第一次相続において配偶者と他の相続人との相続割合をどう調整するかで，第二次相続までの相続税負担に差が出ます。第一次相続と第二次相続とに間がない（10年以内）場合，相続税法上，以下のように相次相続控除（相法20）を受けることができますが，これを考慮したシミュレーションを次で見てみましょう。

○ 相次相続控除の額

$$\text{各相続人の相次相続控除額} = A \times \frac{C}{B-A} \times \frac{D}{C} \times \frac{10-E}{10}$$

A：第一次相続のときの第二次相続の被相続人の相続税額（延滞税，利子税等を除く）
B：第一次相続によって第二次相続の被相続人が取得した財産の価額（債務控除後の額）
C：第二次相続によって相続人及び受遺者の全員が取得した財産の価額

II 相続発生前から始める相続節税対策 Q38

（債務控除後の額）

D：第二次相続によって相続人が取得した財産の価額（債務控除後の額）

E：第一次相続開始の時から第二次相続開始の時までの年数（1年未満切捨）

（注） 上記算式中 $\dfrac{C}{B-A}$ の割合が $\dfrac{100}{100}$ を超えるときは $\dfrac{100}{100}$ として計算します。

【設 例】

・相続人：配偶者，長男，長女
・被相続人の遺産総額：5億円
・被相続人の相続発生後2年10か月後に配偶者の相続（第二次相続）が発生し，その間第一次相続で配偶者の取得した財産の価額（相続税額控除後の額）に変動がないものとする
・第二次相続において長男・長女はそれぞれ同額相続するものとする
・配偶者の税額軽減，相次相続控除以外の控除の適用はないものとする

（単位：万円）

| 相続割合 | 取得財産の価額 | 第一次相続の税額 | | 第二次相続の税額 | 合計相続税額 |
配偶者：長男：長女	配偶者：長男：長女	配偶者①	長男＋長女②	長男＋長女③	①＋②＋③
10：0：0	50,000：0：0	5,850	0	6,780	12,630
8：1：1	40,000：5,000：5,000	3,510	2,340	5,588	11,438
6：2：2	30,000：10,000：10,000	1,170	4,680	4,396	10,246
5：2.5：2.5	25,000：12,500：12,500	0	5,850	4,000	9,850
4：3：3	20,000：15,000：15,000	0	7,020	2,500	9,520
2：4：4	10,000：20,000：20,000	0	9,360	350	9,710
0：5：5	0：25,000：25,000	0	11,700	0	11,700

相続財産や第一次相続と第二次相続との間隔により，第一次相続での相続割合をどう調整するのがよいのか変化しますので，上記をベースにシミュレーションを行ってみるのもいいでしょう。

(3) 相続対策の難しさ

とは言え，**Q29** でも触れましたが，他の節税対策とは異なる相続税対策特有

の難しさは，通常人の死を予め知ることはできないということにあります(人の死の不確実性というリスク)。第二次相続まで考慮した，不動産や金融商品を駆使した精緻な相続税対策のプランを立てて実行したとしても，子が事故などで親より先に亡くなるといったアクシデントが起こった場合，せっかくのプランが全く意味をなさないということになったら，二重の意味で悲劇ということになりかねません。

上記(2)のシミュレーションを実行に移すにしても，夫が亡くなってから何年後に妻が亡くなるのか，正確に予想できるケースは稀と言えましょう。

したがって，うまく行けば多額の相続税節税につながるものの，一度踏み出したら引き返すことのできないようなプランはできるだけ避け，節税額は多くはないものの，仮に当初の予定を変更することになってもロスが少ないような，柔軟なプランを選択することも考慮すべきでしょう。

Q39

「グループ法人税制を利用した相続税対策とは？」

平成22年度の税制改正でグループ法人税制というものが導入されたようです。それによれば，個人株主が100％の株式を保有する法人間において，含み益のある資産を譲渡した場合であっても，譲渡益は繰り延べられるようです。そうなると，相続税対策にも活用できそうですが，いかがでしょうか？

A おっしゃる通り，平成22年度の税制改正で，これまでの組織再編税制・連結納税制度の概念が拡張されるような形で，グループ法人税制（グループ法人単体課税制度）が導入されました。グループ法人税制の概要をまず見てみましょう。

(1) グループ法人税制の概要

今回導入されたグループ法人税制は，概ね以下の三つが柱となっています。
① 100％グループ内法人間の資産の譲渡取引から生ずる譲渡損益の繰延

100％グループ内の内国法人間で行った資産の移転に伴う譲渡損益は，その資産をそのグループ外に移転するまで，原則として繰り延べられます（法法61の13①）。ここでいう100％グループとは，原則として発行済株式の全部を直接又は間接に保有する関係（完全支配関係）にある法人をいい，個人や外国法人を頂点とするグループも含まれます。

○ グループと取引の概念図

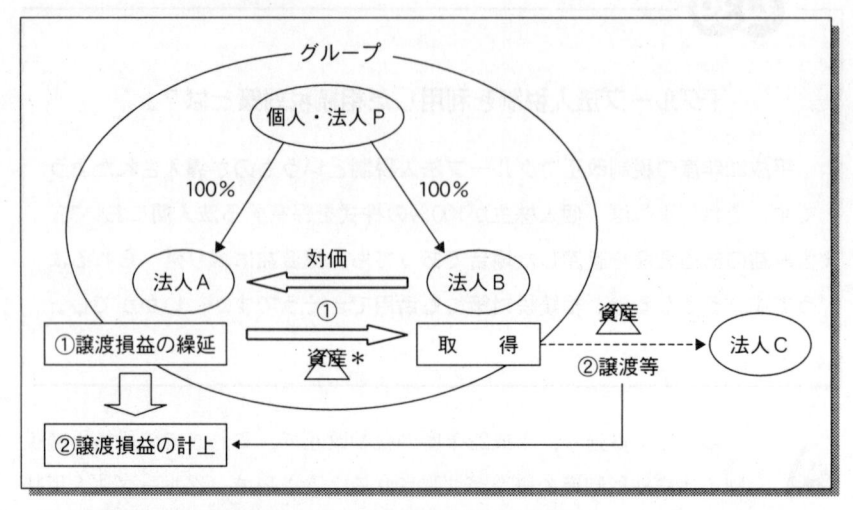

(注)　棚卸資産，帳簿価額1,000万円未満の資産等は対象外
(出典)　政府税制調査会資料を基に筆者作成

② 100％グループ内法人間の寄附金・受贈益の損金・益金不算入

　100％グループ内の内国法人間の寄附金とその跳ね返りとしての受贈益の計上については，寄附を行う側において寄附金相当額を損金不算入とする（法法37②）とともに，寄附を受ける側において受贈益相当額を益金不算入とする（法法25の2①）こととなりました。

　なお，本件に関しては，個人や外国法人を頂点とするグループは対象外となります。

③ 100％グループ内法人間の資本関連取引

　これには，以下の取引があります。

　ア．100％グループ内の内国法人間の現物配当により生ずる譲渡損益の繰延
　　（法法2十二の十五，十二の六，十二の六の二）

　イ．100％グループ内の内国法人からの受取配当に係る負債利子控除の不適用
　　（法法23⑤，法令22の2①②）

　ウ．無対価組織再編税制の処理方法等の明確化

(2) グループ法人税制と相続税対策

それでは、今回導入されたグループ法人税制が相続税対策にどのような影響を及ぼすか考えてみましょう。

個人が100％株式を保有する内国法人に関しては、(1)①の税制を用いて、比較的業績が順調な法人が所有する将来の値上がりが期待できそうな資産や収益力の高い不動産等を、グループ内の業績不振の赤字会社に移転することにより、それらの資産を有していた法人の株価の上昇及び相続税評価額を抑制し、相続税対策につなげるという手法が考えられます。これは相続税対策ばかりでなく、グループ全体の法人税対策にもつながりますので、一挙両得と言えます。

その際留意したいのは、移転資産の譲渡価額です。仮に無償ないし低額で譲渡した場合、個人を頂点とするグループには(1)②の適用がありませんので、譲渡側での寄附金課税及び譲受側での受贈益課税を受け、対策が意味をなさないことになりかねません。譲渡価額は時価とすべきでしょう。

(3) 本税制適用に当たっての留意事項

なお、グループ法人税制は新しい税制であり、適用事例の蓄積はこれからとなります。また、課税当局はグループ法人税制を用いた過度な相続税対策が実行されることに神経をとがらせており、租税回避とされる取引の具体例とそれへの対応策が現時点では不透明ですので、相続税対策の実行に当たっては、専門家のアドバイスを受けて慎重に行うことが肝要です。

Q40

「相続と遺贈とは何が違う？」

相続税法の条文や解説書に「相続又は遺贈」という用語がよく出てきますが，そもそも相続と遺贈とは何が違うのでしょうか？

A 相続と遺贈という用語は並列的に使用されるケースが多いですが，その違いについてよく理解しておかないと，思わぬ負担を強いられることがありますので，ご注意ください。

(1) 遺贈とは

遺贈とは，遺言によって遺言者がその財産の全部又は一部を処分する行為です（民法964）。遺贈は包括名義の包括遺贈と特定名義の特定遺贈とに分けられます。

① 包括遺贈

目的物を特定しない遺贈で，相続財産の全部を与えるという内容のものと，財産の何分の一を与えるという内容のものとがあります。

② 特定遺贈

目的物を特定する遺贈で，具体的な不動産や有価証券を遺贈するという特定物の遺贈と，種類・品質等で定まるものの一定量を与える（現金5,000万円など）という不特定物の遺贈とがあります。

(2) 相続との違い

相続と遺贈（包括遺贈）とは効果がよく似ていますが，その主な相違点は以下のとおりです。

① 相続人は自然人のみであるが，包括受遺者は法人でも可

② 包括遺贈には代襲相続に相当するものはなく，遺言者の死亡前に包括受

遺者が死亡した場合，遺言に別段の定めがない限り，遺贈が無効となる
③　遺贈による所有権移転登記は遺言執行者又は相続人との共同申請による
④　他の包括受遺者や相続人に放棄があった場合であっても，当該放棄分が包括受遺者に添加（放棄分の一定額が増加すること）されない
⑤　包括受遺者には遺留分権がない

　上記のうち，相続手続上は特に③が重要だと思われます。すなわち，遺言書において，特定の不動産を相続人に取得させる場合，「相続させる」という文言を使用した場合には，その登記原因は「相続」となり，所有権移転登記は当該相続人の単独申請で可能となります（即時移転の効力，最高裁平成3年4月19日判決「香川判決」）。一方，「遺贈する」という文言を用いた場合，遺言執行者がいる場合には遺言執行者が申請し，遺言執行者がいない場合には，相続人全員で登記申請を行うこととなります。したがって，「遺贈する」旨の遺言書の場合，遺言執行者がいないと煩瑣な登記手続となります。

　なお，「相続させる」旨の遺言書を作成しても，受遺者が法定相続人でない場合には，法的には遺贈と取り扱われます。

（注）　以前は，「遺贈する」より「相続させる」旨の遺言の方が不動産の所有権移転登記に関する登録免許税が安くなるというメリットがありましたが，平成15年4月からいずれの場合も税率が同一（0.4％）となりました。

Q41

「葬儀費用は誰が負担すべき？」

先日亡くなった父親はサラリーマンでしたが，本家の長男で，先祖代々菩提寺の有力な檀家であったことから，葬儀費用が思いの外嵩みました。相続人は配偶者である母と長女である私，それに長男である弟の3人です。葬儀費用は3人の中で収入が最も多い私が取りあえず支払いましたが，これを残りの相続人に請求することは問題ないでしょうか？

A 葬儀は近年，特に都市部で簡素化の傾向にありますが，菩提寺の有力檀家となれば，これまでのお付き合いや世間体などからそれなりの葬儀が行われ，それに伴い費用も嵩んだものと推察されます。また，お父様がお亡くなりになってから葬儀まで慌ただしく時間が過ぎ，費用を誰がどう負担するのかゆっくり話し合う機会もないでしょうから，取りあえず資力のある人が支払ってしまうのが現実でしょう。

(1) 葬式費用と債務控除

相続税法上，葬式（葬儀）費用については，原則として債務控除の対象となるとしています（相法13①二）。条文を細かく見てみると，債務控除の対象となる葬式費用は，「その者（相続又は遺贈により財産を取得した者）の負担に属する部分の金額」となっています。すなわち，実際に支払った者から控除するのではなく，実際に負担した者から負担割合に応じた額を控除することとなります。したがって，取りあえず支払った葬式費用を立替払いと捉え，遺産分割協議＊等の場で相続人間の負担割合を決め，それに従って債務控除の対象とするのが適当と考えられます。

(注) 葬式費用は被相続人の債務ではありませんので，遺産分割協議書には葬式費用やその負担割合について記載しません。

なお，ここで留意すべきは，負担割合を決めただけで，過不足を相続人間で精算しない場合には，実際に負担していない相続人については債務控除ができないということです。さらに，制限納税義務者＊は葬式費用を控除することはできません。

(注) 制限納税義務者とは，相続又は遺贈により日本国内にある財産を取得した個人で，当該財産を取得した時点において日本国内に住所を有しない者をいいます（相法1の3三）。ただし，日本国籍を有する個人で相続又は遺贈に係る相続の開始前5年以内のいずれかの時点において日本国内に住所を有していた者（非居住無制限納税義務者）は除きます（相法1の3二）。

(2) 葬式費用の範囲

相続税法及び通達上，葬式費用は以下の①～④を指すと規定されています（相基通13-4）。

① 葬式若しくは葬送に際し，又はこれらの前において，埋葬，火葬，納骨又は遺骸若しくは遺骨の回送その他に要した費用（仮葬式と本葬式を行う場合にはその両方）

② 葬式に際し，施与（僧へお布施等を行うこと）した金品で，被相続人の職業，財産その他の事情に照らして相当程度と認められるものに要した費用

③ 葬式の前後に生じた出費で通常葬式に伴うものと認められるもの

④ 死体の捜索又は死体若しくは遺骨の運搬に要した費用

また，葬式費用とは認められないものは，以下の⑤～⑧の費用です（相基通13-5）。

⑤ 香典返戻費用

⑥ 墓碑及び墓地の買入費並びに墓地の借入料

⑦ 法会に要する費用

⑦は一般に，初七日，四十九日，一周忌等の法事（法要）の費用が該当します。ただし，葬儀・告別式に続いて行われる繰り上げ初七日の場合のように，葬式との区分が不明確な初七日費用については，上記③に該当するものとして，葬式費用に含めても差し支えないものと考えられます。

⑧ 医学上又は裁判上の特例の処置に要した費用

(3) 葬式費用の負担と税額負担

相続税の負担の軽減という観点からは，葬式費用のような債務は，一般に軽減措置のある配偶者よりもその他の相続人が負担した方が有利と言えます。下記設例で見てみましょう。

【設 例】
- 相 続 人：配偶者，長男，長女
- 遺産の額：2億円（法定相続割合で相続）
- 葬式費用：200万円（配偶者が支払う）

（単位：万円）

	ケース1（配偶者が負担）			ケース2（長男・長女が負担）		
	配偶者	長 男	長 女	配偶者	長 男	長 女
取 得 財 産	10,000	5,000	5,000	10,000	5,000	5,000
葬 式 費 用	△200	0	0	0	△100	△100
課 税 価 格	9,800	5,000	5,000	10,000	4,900	4,900
相 続 税 額	918	468.5	468.5	937	459	459
配偶者の税額軽減	△918	—	—	△937	—	—
納 付 税 額	0	468.5	468.5	0	459	459
納付税額合計		937			918	

上記より，ケース1よりケース2の方が19万円程度納付税額が抑えられることが分かります。葬式費用の負担額の決定の際には，葬式費用の実質的負担を軽減する香典収入（相続税の課税対象から除かれる*）の額も勘案しつつ，負担者による相続税額の多寡という点も考慮すべきものと言えます。

（注） 所得税法上も，その金額が受贈者の社会的地位，贈与者との関係等に照らして社会通念上相当と認められる場合には，所令30条の規定により課税されません（所基通9-23）。なお，香典は慣習上，喪主あるいは遺族への贈与であって，相続財産とはならないと解されています（内田貴『民法Ⅳ』374頁）。

Q42

「遺産分割協議をやり直した場合の課税は？」

3年前，私の父が亡くなったため，その財産を相続人である母と私，弟の3人で相続しました。遺言書がなかったため，3人の相続人で遺産分割協議を行い，それに従って相続税の申告も行いました。ところが，先日遺品を整理していたところ，新たに遠隔地の銀行の支店で作成された父親名義の定期預金通帳が見つかり，法定申告期限から既に1年が経過していますが，相続人全員の合意により遺産分割協議をやり直すこととなりました。弁護士に確認したところ，法的には相続人全員の合意により遺産分割協議をやり直すことは問題ないようですが，相続税の取扱いはどうなりますか？

A 民法上は，共同相続人の全員が既に成立している遺産分割協議の全部又は一部を合意により解除した上，改めて遺産分割協議を行うこと（すなわち遺産分割協議のやり直し）は問題ないとされています（最高裁判決平成2年9月27日）。

(1) 遺産分割協議のやり直しと課税

税法上は一般に，当初の分割により共同相続人に帰属した財産を分割のやり直しにより再分配した場合には，配偶者の税額軽減の適用が可能な「分割」には該当しないとされています（相基通19の2-8ただし書）。その場合，分割のやり直しによる相続人間の財産のやり取りは，贈与に該当するものとされます。

ただし，期限内申告書又は期限後申告書を提出した者が，以下のような一定の事由により既に確定した相続税額に不足額が生じた場合には，修正申告書を提出することができます（修正申告の特則，相法31①，32一～六）。

① 未分割遺産につき分割が行われ，共同相続人又は包括受遺者が分割によ

り取得した財産に係る課税価格が未分割時の課税価格と異なる場合
② 民法の規定による認知，相続人の廃除又はその取消しに関する裁判の確定，相続の回復，相続の放棄の取消しその他の事由によって相続人に異動が生じた場合
③ 遺留分の減殺請求に基づき返還すべき金額又は弁済すべき金額が確定した場合
④ 遺贈による遺言書が発見され，又は遺贈の放棄があった場合
⑤ 条件を付して物納が許可された場合において，物納財産である土地の土壌が有害物質により汚染されていることが判明した等の事実が生じた場合（相令8①一，二）
⑥ 相続若しくは遺贈又は贈与により取得した財産ついての権利の帰属に関する訴えについての判決があった場合（相令8②一）
⑦ 相続の開始後に認知された者の価額の支払請求権(民法910)の規定による請求があったことにより弁済すべき額が確定した場合（相令8②二）
⑧ 条件付の遺贈について条件が成就した場合（相令8②三）

これらに該当する場合の修正申告は，申告期限後の事実に基づいて行うものですので，延滞税や過少申告加算税は課されません（相法51②一ハ，通法65）。

(2) 本件の課税関係

本件は(1)で述べた修正申告の特則に該当する事案であるとは認められません。したがって，お尋ねのケースの場合，仮に，既存の相続財産については分割の対象とはせずに，新たに発見された定期預金のみ相続人間で分割して相続し，増加した財産につき各相続人がそれぞれ修正申告を行うのであれば，相続税本税の増額分に加え，延滞税が課されるでしょう。

一方，既存の相続財産についても分割の対象とし，相続人間でやり取りを行った場合には，当初の取得者からやり直し後の取得者への贈与と認定され，定期預金に係る相続税の課税に加え，贈与税の課税も生じることとなります。

なお，法定申告期限から1年以内である場合には，錯誤無効の主張により更

正の請求が認められる余地があります（東京地裁平成21年2月27日判決参照）。

Q43 「小規模宅地等の特例が縮小されたと聞きましたが？」

私はサラリーマンで親から大した財産を受け継いでいないため，今死んだとしても家族に遺産として残せるものは，自宅敷地と家屋に，多少の有価証券と僅かばかりの定期預金くらいです。したがって，小規模宅地等の特例の適用以外には，相続税など自分には無縁と考えていました。ところが，最近の税制改正で小規模宅地等の特例の見直しが行われたと聞いて，少し驚いています。今回の改正の内容について教えてください。

A 相続又は遺贈により取得した財産のうちに被相続人の事業又は居住の用に供されていた宅地等がある場合に，相続人等が取得した宅地等（宅地及び借地権）のうち一定の限度面積までの小規模宅地等について，相続税の課税価格に算入する価額を減額する特例を一般に「小規模宅地等の特例」といい，昭和58年に創設されました。

(1) 制度の概要

特例の対象となる小規模宅地等には，以下の三類型があります。

① 特定事業用宅地等

相続開始の直前において，被相続人等の事業（ただし不動産貸付業等を除く）の用に供されていた宅地等で相続等によりその宅地等を取得した個人のうちに，相続開始の時から相続税の申告期限までの間にその宅地等を所有し，かつ，その事業を営んでいる等の要件を満たす被相続人の親族等がいる場合，この特例の適用が受けられます（措法69の4③一）。

② 特定居住用宅地等

被相続人等の居住の用に供されていた宅地等で相続等によりその宅地等を取得した個人のうちに，被相続人の配偶者又は相続開始の直前においてその宅地

等の上に存する被相続人の居住の用に供されていた家屋に居住していた者であって，相続開始の時から相続税の申告期限までの間にその宅地等を所有し，かつ，その家屋に居住している等の要件を満たす被相続人の親族等がいる場合，この特例の適用が受けられます（措法69の4③二）。

○　特定居住用宅地等の要件

被相続人が居住用としていた宅地	
取得者	要件
配偶者	なし
右に該当する被相続人の親族	相続開始直前においてその宅地等の上に存する家屋に被相続人と同居しており，かつ，相続税の申告期限までそこに居住していること（居住継続要件）
	その宅地等を相続税の申告期限まで保有していること（保有継続要件）
右に該当する被相続人の親族*	被相続人の配偶者又は相続開始直前において被相続人の居住の用に供されていた家屋に居住していた親族がいないこと（居住者要件）
	相続開始前3年以内に日本国内にある自己又は自己の配偶者の所有に係る家屋（相続開始直前において被相続人の居住の用に供されていた家屋は除く）に居住したことがないこと（自己保有家屋要件）
	その宅地等を相続税の申告期限まで保有していること（保有継続要件）

（注）　制限納税義務者（Q45 参照）で日本国籍を有しない者を除きます。

被相続人と生計を一にする被相続人の親族の居住用としていた宅地	
取得者	要件
配偶者	なし
右に該当する被相続人の親族	相続開始前から相続税の申告期限までその宅地等の上に存する家屋に居住していること（居住継続要件）
	その宅地等を相続税の申告期限まで保有していること（保有継続要件）

③　特定同族会社事業用宅地等

相続開始直前に被相続人及びその親族その他の関係者が有する株式等の総数が発行済株式等の総数の50％超の法人の事業の用に供されていた宅地等で，相続等によりその宅地等を取得した個人のうちに被相続人の親族がいて，その宅

地等を取得したその親族が相続開始の時から相続税の申告期限まで引き続きその宅地等を有し，かつ，その法人の事業の用に供されている場合，この特例の適用が受けられます（措法69の4③三）。

　小規模宅地等の特例制度は導入当時，事業用宅地については減額割合40％，適用対象面積上限200㎡，居住用宅地については減額割合30％，適用対象面積上限200㎡でしたが，その後順次拡充されてきました。なお，上記に該当する場合の適用対象面積の上限及び軽減割合は，次のとおりです。

○　平成22年度税制改正前後の適用対象面積と軽減割合

宅地等の種別		上限面積	改正前軽減割合	改正後軽減割合
事業用（特定同族会社事業用を含む）	事業継続	400㎡	80％	80％
	非継続	200㎡	50％	なし
事業用(不動産貸付)	事業継続	200㎡	50％	50％
	非継続	200㎡	50％	なし
居住用	居住継続	240㎡	80％	80％
	非継続	200㎡	50％	なし

（注）　事業継続・居住継続とは，相続税の申告期限まで事業又は居住を継続する場合をいいます。
（出典）　政府税調財務省提出資料を基に筆者作成

(2)　改正の内容

　上記のとおり現行制度は，相続人による事業・居住の継続の要件を満たさない場合であっても，一定割合の減額が認められていました。しかし，それでは制度の趣旨に反するということで，以下のような見直しがなされました。

① 　相続人等が相続税の申告期限まで事業又は居住を継続しない宅地等については，適用対象から除外
② 　一の宅地等について共同相続があった場合には，取得した者ごとに適用要件を判定
③ 　一棟の建物の敷地の用に供されている宅地等のうちに特定居住用宅地等

の要件に該当する部分とそれ以外の部分がある場合には，それぞれの部分ごとに按分して軽減割合を計算
④　特定居住用宅地等は，主として居住の用に供されていた一の宅地等に限定
⑤　相続又は遺贈で取得する者が**被相続人の親族**の場合に限定

したがって，上記表のとおり，非継続（50％減額）に該当する部分は，改正法では適用対象から除外されることとなります。

(3) 改正の影響

改正の影響を下記設例で見てみましょう。

【設　例】

・相　続　人：配偶者（被相続人と同居）及び長男（別居）
・相続財産：自宅敷地240㎡（1㎡当たり80万円）及び自宅家屋
・相続割合：配偶者1/2，長男1/2

（改正前）

敷地の価額：80万円×240㎡＝19,200万円
小規模宅地等の特例適用後の課税価格：19,200万円×20％＝3,840万円

（改正後）

小規模宅地等の特例適用後の課税価格：
①　配偶者分：19,200万円×1/2×20％＝1,920万円
②　長　男　分：19,200万円×1/2＝9,600万円　← 別居親族であるため適用なし

　①＋②＝11,520万円

自宅敷地につき，改正後は改正前に比べて11,520万円－3,840万円＝7,680万円も課税価格が増加することとなります。

(4) 改正後の留意点

改正前の制度は，非継続であっても50％の減額が認められたり，共同相続の場合，一人が要件を満たせば他の相続人も減額の恩恵を受けられるなど，かなり緩やかなものでした。これまで税理士からその旨をアドバイスされた資産家の方もいらっしゃると思いますが，今後は，制度本来の趣旨に立ち返り，厳格に適用されるようになりますので，改正内容を十分に理解し，相応の準備を行うことが必要になるでしょう。

III

ケース別　相続実務と相続税の相談事例

1　サラリーマン家庭のケース

Q44

「法定相続分と遺留分はどう決まる？」

子供がいる場合といない場合とで，法定相続分や遺留分が変わってくると聞きましたが，具体的にどうなるのでしょうか？

A　相続人の範囲や相続分，遺留分については民法で定められています。

(1)　相続人の範囲

まず法律上の婚姻関係にある配偶者は，常に相続人になります。被相続人の子も，実子と養子とに関わらず，常に相続人になります。被相続人の直系尊属や兄弟姉妹（傍系血族）が相続人になることもあります。さらに，被相続人の孫や甥，姪などが代襲相続により相続人になることもあります。

(2)　法定相続分と遺留分

主なパターンにおける法定相続分と遺留分の一覧表は，以下のとおりになります。

Ⅲ ケース別　相続実務と相続税の相談事例　Q44

○ 主要パターン別　法定相続分と遺留分一覧

パターン		相続人	法定相続割合	遺留分	相続人	法定相続割合	遺留分
子供あり	配偶者と子1人	配偶者	1/2	1/4	子	1/2	1/4
	配偶者と子2人	配偶者	1/2	1/4	子	1/4ずつ	1/8ずつ
	子　1　人	子	全部	1/2	―	―	―
	子　と　母	子	全部	1/2	(母)	なし	なし
子供なし	配偶者のみ	配偶者	全部	1/2	―	―	―
	配偶者と母	配偶者	2/3	1/3	母	1/3	1/6
	配偶者と妹	配偶者	3/4	1/2	妹	1/4	なし
	母　と　弟	母	全部	1/3	(弟)	なし	なし

（注）　上記のうち，「子と母」の場合の「母」，「母と弟」の場合の「弟」は法定相続人に該当しません。

子供のいない夫婦の場合で，父母は既に亡くなったものの，兄弟が存命中の時は，遺言で配偶者に全財産を渡すと記せば，兄弟には遺留分がないため，全財産を相続させることができます。

○ 親族と法定相続人の範囲

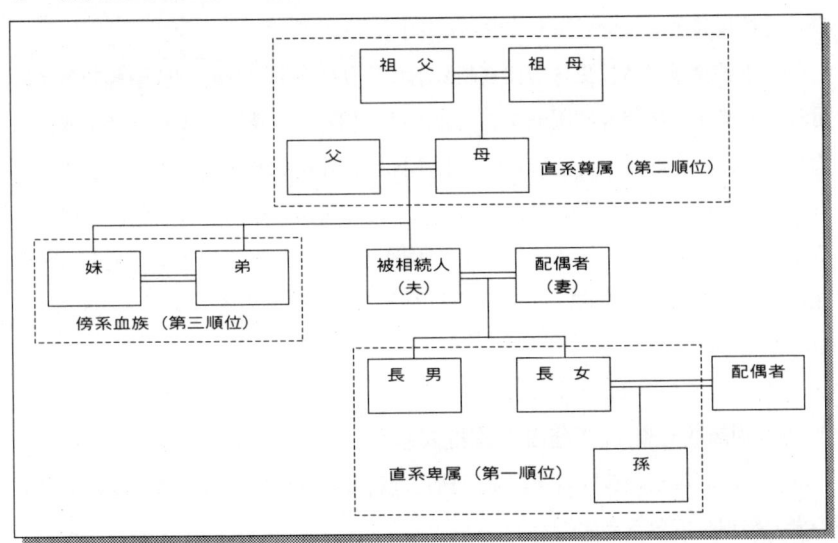

```
                    ┌─────┬─────┐
                    │ 祖父 │=│ 祖母 │
                    └─────┴─────┘
                           │
        ┌─────┬─────┐
        │  父  │=│  母  │  直系尊属（第二順位）
        └─────┴─────┘
               │
    ┌─────┬─────┐   ┌───────┬─────┐
    │ 妹 │ │ 弟 │   │被相続人│=│配偶者│
    └─────┴─────┘   │ (夫)  │ │ (妻) │
    傍系血族（第三順位）  └───────┴─────┘
                           │
                ┌─────┬─────┬─────┐
                │ 長男 │ │ 長女 │=│配偶者│
                └─────┴─────┴─────┘
                              │
                           ┌─────┐
                           │  孫  │
                           └─────┘
                    直系卑属（第一順位）
```

125

Q45

「海外にある財産も申告する必要がある？」

先日亡くなった夫は約20年前，数年間アメリカに駐在しており，そのとき銀行預金等をしていたように記憶していますが，遺品の中からそれを裏付けるような資料がなにひとつ見つからず，いくらあるのか見当もつきません。このような場合，相続税の申告の際，アメリカにあると思われる財産についても申告する必要があるでしょうか？　なお，亡くなった夫及び相続人はすべて日本国籍を有し，直近5年間の住所地は日本国内です。

A　ご質問にお答えする前にまず，相続税の納税義務者について見ていきましょう。

(1) 相続税の納税義務者

相続税の納税義務者は，大きく分けて無制限納税義務者，制限納税義務者及び特定納税義務者に分けられます（相法1の3）。

無制限納税義務者は更に居住無制限納税義務者と非居住無制限納税義務者に分けられます。居住無制限納税義務者とは，相続又は遺贈により財産を取得した個人で，財産取得の時点において日本国内に住所を有する者をいいます。

また，特定納税義務者とは，被相続人から相続又は遺贈により財産を取得しなかった者のうち，相続時精算課税（Q25 参照）の適用を受ける財産を当該被相続人から相続又は遺贈により取得したとみなされる者をいいます（相法21の16）。

(2) 相続税の納税義務者と課税財産

次に，無制限納税義務者及び制限納税義務者の課税財産の範囲について以下の表で整理しておきます。

Ⅲ　ケース別　相続実務と相続税の相談事例

○　相続税の納税義務者と課税財産の範囲

納税義務者の区分		課税財産の範囲	
		国内財産	国外財産
無制限納税義務者	居住無制限納税義務者	課　税	課　税
	非居住無制限納税義務者	課　税	課　税
制限納税義務者		課　税	課税対象外

　上記より，ともに無制限納税義務者である居住無制限納税義務者と非居住無制限納税義務者の納税義務に差はなく，国内財産のみならず国外財産も課税されることが分かります。また，制限納税義務者は国内財産のみ課税されます。

(3)　非居住無制限納税義務者と制限納税義務者

　ところで，(2)の表のうち，非居住無制限納税義務者と制限納税義務者の違いは，以下のように整理されます。

○　相続税の納税義務者（非居住無制限納税義務者と制限納税義務者）の分類

相続人 被相続人	日本国内に住所なし		
	日本国籍あり		日本国籍なし
	5年以内日本国内住所あり	5年超日本国内住所なし	
日本国内住所あり	非居住無制限納税義務者	非居住無制限納税義務者	制限納税義務者
日本国内住所なし ①5年以内住所あり ②5年超住所なし	非居住無制限納税義務者 非居住無制限納税義務者	非居住無制限納税義務者 制限納税義務者	制限納税義務者 制限納税義務者

　上記より，相続人が日本国籍を有する場合には，被相続人及び相続人共に相続開始時以前5年超に渡り継続して日本国内に住所を有しないケースに限り制限納税義務者となり，国内財産のみ課税となります。

　非居住無制限納税義務者は日本国籍を有していることが要件となります。

　なお，相続人が日本国内に住所を有する場合は，その国籍を問わず居住無制限納税義務者となり，国内財産のみならず国外財産も課税の対象となります。

(4) 住所の判定

相続税法上,住所についての明確な規定はありません。そこで,民法の規定(民法22)と同義に解釈し,生活の本拠をもってその住所とするのが一般的です。また,生活の本拠については,判例では「住所,職業,生計を一にする配偶者その他親族の存否,資産の所在等の客観的事実に,居住者の言動等により外部から客観的に認識できる居住者の居住意思を総合して判断する」とされています(「武富士事件*」東京高裁平成20年1月23日判決)。

(注) この事件は贈与税の課税について争われた事件で,現在最高裁にて係属中です。

(5) 国外財産の申告

お尋ねの件ですが,相続人は居住無制限納税義務者に該当します。したがって,国内財産のみならず国外財産も課税の対象となります。アメリカに被相続人の銀行口座等財産がある場合には,それについても相続税の課税財産に含める必要があります。

ただし,実務上は海外財産の存否の調査は困難を極めることも予想されます。そのため,できる限り早めに調査に着手するとともに,申告期限までに調査しきれなかったものについては,家庭用財産(Q80参照)のように見込み金額で申告するのもやむを得ない対応ではないかと思われます。

Ⅲ　ケース別　相続実務と相続税の相談事例　Q46

Q46

「相続財産に農地があった場合どうする？」

　私は地元の高校卒業後東京の大学に入学し、そのまま東京に本社のある企業に勤めるサラリーマンです。この度田舎の父親が亡くなり、田舎の母親と私の2人が相続人としてその財産を相続することとなりました。父親は亡くなる直前まで母親とともに農作業を行っており、相続財産には農地が含まれています。私も休日や農繁期には農作業を手伝っており、母親が未だ健在なので、その農地を引き継いで農業を続けようと思えば続けることは可能です。私のようなケースでは、農地の相続はどうすればよいでしょうか？

A　農地等については、相続税の納税猶予制度がありますので、その適用について検討すべきでしょう。

(1) 農地等についての相続税の納税猶予制度

　農地等についての相続税の納税猶予制度とは、農業を営んでいた被相続人から相続又は遺贈により一定の農地等を取得した相続人（農業相続人）が、その農地等を引き続き農業の用に供する場合、当該農地等の価額のうち農業投資価格を超える部分に対応する相続税について、納税を猶予する制度です（措法70の6）。

　農業投資価格は通常の宅地評価額の数十分の一から数百分の一に過ぎませんので、当該制度の適用を受けることにより、相続税額が大幅に抑えられることとなります。

(2) 被相続人の要件

　この特例の適用が受けられる被相続人の要件は、以下のとおりです。

① 死亡の日まで農業を営んでいた場合（措令40の7①一）
② 贈与税の納税猶予に係る農地等の生前一括贈与をしている場合（措令40の7①二）
③ 相続又は遺贈により財産を取得した相続人に対し、その相続開始の年に贈与税の納税猶予の適用要件に該当する農地等の生前一括贈与を行っている場合

(3) 農業相続人の範囲

相続税の納税猶予制度の適用が受けられる農業相続人は、被相続人の相続人で、一定の要件に該当することについて農地等の所在を管轄する農業委員会が「相続税の納税猶予に関する適格者証明書」により証明した者をいいます（措令40の7②）。

農業相続人は必ずしも常時農業に従事しなければならないわけでもありません。ご質問のケースのように、相続人が他に仕事をもっていて、農業に従事するのは農繁期や休日に限られる場合であっても、農業に従事し、引き続き農業を継続的に行っていれば、農業経営を行う者とされます（措通70の4－6、70の6－8）。

(4) 納税猶予の対象となる農地

納税猶予の対象となる農地を特例農地といいますが、その範囲は、一定の農地等のうち、「特例市街化区域農地等」に該当しない農地で、相続税の期限内申告書に特例の適用を受けようとする旨の記載があるものに限られます。なお、特例市街化区域農地であっても都市営農農地（生産緑地）は特例農地に該当します。

Ⅲ ケース別 相続実務と相続税の相談事例 Q47

Q47

「サラリーマン家庭でも利用できる節税策は？」

　前問で，農業従事者は相続税に関し有利な税制の適用があることを知りました。一方，私は都内に住むしがない年金生活者で，3年前上場企業の嘱託を退職して以来，悠々自適の生活を送っています。大した財産はありませんが，自宅に加え，従業員持ち株会でコツコツ貯めた株式が昨今の株式市場の停滞にもかかわらず意外に値上がりし，相続税の課税最低限を超えそうな状況なので，最近自分が死んだ後のことが気になっています。私のようなサラリーマン家庭でも利用できる相続税の節税策はあるのでしょうか？

A　農業や事業を行っている場合には，納税猶予の適用により納税額が抑えられる優遇措置があります。それほどではないにしても，サラリーマン家庭でも利用できる地道な節税策はいくつかあります。以下でそれらを概観してみましょう。

(1) 生前贈与の活用

　相続時の課税財産の価額を減らすことが相続税対策の基本ですので，そのための有効な手段の一つは生前贈与と言えます。生前に財産を移転する際にネックとなるのは贈与税ですので，その負担を最小限に抑えることが生前贈与のポイントとなります。

① 連年贈与

　Q24 で説明しましたが，連年贈与を行う意味は，贈与税の基礎控除額110万円を最大限に活用することにあります。ただし，有期定期金契約に認定されないようにすること，及び相続人への相続開始3年前の贈与は相続財産に取り込まれてしまうこと（相法19）には十分留意すべきです。

② 孫への贈与

孫への贈与は，相続（及びそれに伴う相続税負担）を経ることなく一つ世代を超えて（generation-skipping）財産を移転させることができるため，非常に有効です。また，孫が相続人にも遺贈により財産を受ける者にも該当しない場合，当該孫への贈与は前述の相続財産に取り込まれる相続開始3年前の贈与の対象外であるという点も見逃せません。

なお，孫への遺贈は相続税額の2割加算の対象になるため，世代飛ばしの効果は減殺されます。

③ 住宅取得等資金の贈与

Q57 でも説明しますが，住宅取得等資金の贈与に係る非課税措置については，平成22年分が1,500万円，平成23年分が1,000万円となっており，当該贈与は子や孫への財産移転に有効な手法と言えます。この非課税措置は，従来の相続時精算課税制度における住宅取得等資金の贈与に係る特例（1,000万円の上乗せ）と比較した場合，相続時に相続税の課税価格に加算されないという点でより有利な制度と言えます。要件に該当する場合には早急に贈与の実行を検討すべきでしょう。

④ 配偶者への居住用不動産の贈与

結婚20年以上の夫婦であれば，配偶者への居住用不動産の贈与の特例を利用して，自宅不動産を贈与する（基礎控除と合わせて2,110万円まで非課税）という方法もあります。ただし，小規模宅地等の特例（**Q43** 参照）の適用がある場合には，相続税額の節税メリットはそれほど大きくないことは頭に入れておく必要があるでしょう。

【設　例】

- 財産価額：3億円（自宅敷地1億円・その他財産2億円）
- 推定相続人：妻・長男（法定相続分で相続）
- 自宅敷地（200㎡）のうち2,110万円分を妻に贈与
- 妻が自宅を相続し，敷地につき小規模宅地等の特例（80％減額）の適用を

受けるものとする
・贈与時と相続時において財産の価額に変動はないものとする

○ 贈与による課税価格の変動と節税額

(単位:万円)

	贈与しなかった場合	贈与した場合
自宅敷地(特例適用後)	2,000	1,578
その他の財産	20,000	20,000
合　　　　計	22,000	21,578
相　続　税　額	1,550	1,486.7
節　　税　　額		63.3

　上記から，自宅敷地を2,110万円贈与したものの，相続財産の減少は422万円（2,110万円×20％）に過ぎず，小規模宅地等の特例の適用を受けると，当該贈与の効果が減殺されることが分かります。

(2) 小規模宅地等の特例

　Q43で既に説明しましたが，当該特例の適用があると，居住用の場合最高240㎡まで80％の減額が受けられます。この特例を利用する際の留意点は以下のとおりです。

① 申告要件であること

　この特例を受けるための手続要件として，相続税の申告書に当該特例の適用を受ける旨を記載し，必要書類を添付して提出することがあります。この特例の適用により相続税額がゼロになる場合であっても，申告を怠ると特例の適用が受けられず，特例適用前の相続税額を納付しなければならなくなりますので，ご注意ください。

② 分割されていること

　Q14でも触れましたが，共同相続人又は包括受遺者によって申告期限から3年以内に分割されなかった宅地等については，原則として小規模宅地等の特

例の適用はありません。

③ 配偶者との共有でも80％の減額が受けられない場合がある

Q43でも説明しましたが，平成22年の税制改正で，一の宅地等について共同相続があった場合には，取得した者ごとに適用要件を判定することとなりました。したがって，例えば妻（配偶者）と長男が相続したケースでは，以前は宅地の一部でも配偶者が取得すれば，別居している長男の取得した部分も含め宅地全体（240㎡まで）が80％の減額が受けられましたが，改正後は，長男について相続税の申告期限まで居住を継続するといった要件を満たさない限り，長男の取得部分については減額が受けられないこととなりました（**Q43**【設例】参照）。影響が大きい改正内容ですので，十分ご留意ください。

Q48

「領収書のない法要代や戒名料，住宅ローンの残高は債務控除できる？」

相続税の申告に当たり，被相続人の債務は債務控除の対象となると聞きました。では，領収書のない法要料や戒名料，住宅ローンの残高（ただし団体信用生命保険付き）は債務控除の対象となるのでしょうか？

A 相続税の申告に際して，債務控除の対象となる被相続人の債務はどのようなものなのか，以下で見ていきましょう。

(1) 債務控除可能な葬式費用

Q41 で説明したとおり，通常の葬儀の費用は債務控除の対象となります。法要料のうち，通夜や葬儀，告別式の費用は対象となりますが，法会に該当する初七日，四十九日，一周忌等の法事（法要）の費用は対象外となります。納骨費用も葬儀の費用に該当しますが，納骨のタイミングは地域や宗派によって異なり，葬儀からかなり経過してから行うこともあるようですので，ご注意ください。

戒名料も，葬式に際し施与した金品で，被相続人の職業，財産その他の事情に照らして相当程度と認められるものに要した費用に該当するものと考えられる場合には，一般に債務控除の対象となります。同様に，読経料やお布施も債務控除可能な葬式費用に該当します。

次に領収書の有無ですが，相続税の申告書に支払先，支払年月日及び金額を記載するので，それを領収書で確認できるのが望ましいですが，入手できない場合には，申告に備えて，名目と支払先，支払年月日及び金額を正確にメモしておくことが必要でしょう。

(2) 生前に支払った戒名料

生前に菩提寺の住職から戒名を授かるケースもありますが，この場合の戒名料は残念ながら債務控除の対象とはなりません。何故なら，被相続人が生前に戒名料を負担した場合には，被相続人の相続財産から既に戒名料相当額が控除されているので，相続税の債務控除の対象とした場合，二重控除となってしまうからです。

(3) 住宅ローン等の借入残高と団体信用生命保険

被相続人に住宅ローンや賃貸住宅建設のためのアパートローンの借入残高がある場合，通常，当該ローン債務を承継した相続人の取得財産から借入残高が控除されることとなります。それでは，当該ローンに関し被相続人が団体信用生命保険に加入している場合はどうでしょうか。被相続人が団体信用保険に加入していれば，被相続人（被保険者）の死亡により，ローン残高に相当する死亡保険金が貸手である銀行等の金融機関に支払われ，借入金がなくなります。したがって，団体信用生命保険に加入している場合，被相続人の死亡時点において借入金残高がなくなることとなります。

実務的には，保険金の支払い手続は死亡後に相続人（遺族）が行うので，相続開始時と保険金支払時とにはタイムラグがあります。しかし，被相続人死亡を起因として保険金が支払われる（しかも保険金は相続人にではなく金融機関に支払われる）わけですから，仮に金融機関から発行される死亡時点の借入金の残高証明書に残高が記載されている場合であっても，その残高を債務控除の対象とすることはできないと考えられます。

被相続人に住宅ローン等の借入残高がある場合，団体信用生命保険に加入していないか確認を怠ると，申告漏れにつながる可能性があるため，ご注意ください。

Q49

「形見分けされた遺品は相続財産に含まれる？」

亡き母の四十九日の法要が済んだところで、母の遺品の形見分けをしたいと考えています。母は茶道の教授をしていたので、茶器や着物をかなり持っていますが、息子である私には猫に小判であるため、母の生徒さん達に分けたいと考えています。ところが生徒さんうちの1人から「相続税や贈与税の問題にならないか」と質問され、戸惑っております。形見分けされた遺品は相続税や贈与税の課税対象となるのでしょうか？

A 形見分けとは一般に、四十九日の忌明けの法要を済ませたタイミングで、故人と生前親交のあった方に、故人が使用していた衣類、装身具、家具、身の回りの小物などを贈ることを指します。

(1) 形見分けと相続税の課税財産

相続税の課税財産ですが、一般に、被相続人の金銭に見積もることのできる経済的価値のあるものすべてを指すものと解されています（本来の相続財産）。そのため、財産には物権、債権及び無体財産権のみならず、信託受益権、電話加入権等が含まれ、法律的根拠は有しないが経済的価値を有する営業権も含まれます。

形見分けの対象となるものは、通常換金性が全くないかあっても少額の動産がほとんどであると思われます。そのような動産は相続財産に含まれないものと考えられ、形見分けとして故人と生前親交のあった方に配ったとしても、一般に相続税の課税関係は生じないこととなります。

(2) 財産的価値がある動産等の場合

一方、形見分けの対象となる財産の中に経済的価値の高いものが含まれてい

る場合もあります。茶器の中には美術的価値のあるものもあり，そうなると本来の相続財産である書画や骨董品と同様に扱う必要があります*。

(注) 民法上も，財産的価値のあるものは相続財産に含まれるため，形見分けを行った財産につき（形見分けに関与していない）相続人から相続回復の請求権（民法884）を行使されることが考えられます。

その場合，形見分けの対象となる茶器をいったん相続人が相続し，その後相続人が生徒等に贈与したと取り扱われるものと考えられます。その結果，茶器はいったん相続財産に含めて相続税の課税対象となり，また，相続人から生徒への贈与についても贈与税の課税対象となります。場合によっては相続税・贈与税両方の負担を強いられることも考えられるわけですので，注意が必要です。

なお，美術的価値のある茶器などは，書画骨董品の評価に準じ，売買実例価格や精通者意見価格を参酌して評価することになるでしょう（評基通135）。

(3) 形見分けに関するその他の留意事項

財産的価値のある動産等に関し形見分けを行った場合，民法上一般に，相続財産の処分と扱われます（民法921一）。その場合，形見分けにより動産等を受けた者が相続人の場合，単純承認とみなされ，その後相続放棄をしようとしても認められない可能性がありますので，ご注意ください。

Q50

「遺言の内容と異なる遺産分割は可能か？」

　先日亡くなった父親と生前付き合いのあった弁護士から，父親の遺言書を提示されました。相続人は母と長男の私，長女である妹の3人ですが，遺言書によれば，財産を相続人間で三等分するようにと記載されていました。ただ，母の老後を考えると，法定相続分での相続の方が望ましいと考えられ，その線で相続人3人が合意しました。ところが，当該弁護士は遺言書で遺言執行人に指定されており，遺言書通りに執行すべきであると主張しています。このような場合，相続人の意見は無視されるのでしょうか？

A　遺言というものは被相続人自身の財産の処分権に関する生前の意思を表現したもので，一般論でいえばできるかぎり尊重されるべきものでしょう。他方で，遺言は法的には単独行為とされ，相続人の了解を得ていない被相続人のいわば一方的な意思表示ですので，受遺者がそれに従うことが強制されるものでもありません。

(1) 遺言の内容と異なる遺産分割

　例えば自宅敷地及び家屋について，遺言では長男にとあっても，配偶者（妻）の生活等を考慮すると配偶者が相続した方がいいと相続人全員の意見が一致するような場合，遺言の内容と異なる遺産分割をすることは可能です。

　上記のような財産が指定されている特定遺贈の場合，受遺者全員が遺贈の放棄を行えば，遺言者（被相続人）の死亡時に遡って効力が生じ，遺贈財産が相続財産に戻ることから，遺贈財産を含めた相続財産総額について相続人間で自由に遺産分割協議を行うことができます。遺贈の放棄については特別の方式は定められていませんが，共同相続人又は遺言執行者宛の念書を作成することによ

り，意思表示を明確にし後日のトラブルを回避することが必要でしょう。包括遺贈の放棄の場合には，相続の放棄の手続きに準じて，包括遺贈があったことを知った日から3か月以内に包括遺贈放棄申述書を家庭裁判所に提出する必要があります。放棄の撤回は原則として認められません（民法989）。

　なお，遺贈の放棄を行った者が法定相続人以外の者の場合，その者は遺産分割協議に参加できず，相続財産を取得できなくなりますので，ご注意ください。

(2) 遺言執行者がいる場合

　ただし，遺言で遺言執行者が指定されているなど，遺言執行者がいる場合には注意が必要です。何故なら，遺言執行者の本来の職務は遺言の内容に従って執行することにあるからです。

　判例上は，遺言執行者の同意を得て，相続人及び受遺者全員で合意の上遺産の処分行為がなされた場合に，それを有効とするものがあります（東京地裁昭和63年5月31日判決）。そのため，遺言執行者がいるときであっても，相続人及び受遺者全員の意見が一致する場合には，遺言と異なる遺産分割を行う余地があるものと考えられます。その場合，遺産分割の協議等の場において，相続人及び受遺者と遺言執行者とが十分に意思疎通を行い，合意内容を理解してもらえるような努力が必要でしょう。

Q51

「遺留分減殺請求に関し留意すべき事項は？」

　私の妻は既に亡くなり，私が死ねば相続人は２人の息子になります。長男は実家を出て東京近郊の小学校の教諭をしていますが，二男は地元に残り私とともに生花店を営んでいました。店は折からの不況で３年前に畳むことになり，二男は現在タクシーの運転手をして生計を立てています。結婚もせず地元に残って家業を盛り立ててきた二男には，私の少ない財産をできる限り残してやりたいとも思っています。知り合いの弁護士に相談したところ，長男に遺留分の放棄をしてもらったらどうかとアドバイスされましたが，私の死後，相続財産を巡って兄弟間でもめたりしないでしょうか？

A　自分の財産を遺言で自由に処分できれば問題ないのですが，相続人には遺留分が認められているため，必ずしも思い通りにならないところです。

(1) 遺留分減殺請求とは

　本来，本人（被相続人）自身の財産なのですから，遺言で自由に処分してもおかしくないはずですが，一方で，その財産の形成には本人の努力のみならず家族（相続人）の貢献もあったはずですし，また，相続制度というものは遺族の生活保障という機能も有していることから，遺産をすべて被相続人の自由な処分に委ねるというのも問題があります。そこで，被相続人及び相続人双方の権利の調整を図り，相続財産の一定割合を特定の相続人に留保するという制度が導入されました。これが遺留分の制度です。

　遺留分は子供（直系卑属）の有無により遺留分権者の範囲と割合が異なってきます（**Q44**参照）。

この遺留分の侵害があるとき,侵害された額を取り戻すための権利が遺留分減殺請求権です。

(2) 遺留分の放棄

お尋ねのケースの場合,長男にも遺留分が認められていますので,遺言で二男に財産のすべてを譲ると記しても,長男に上記の遺留分減殺請求権を行使される可能性があります。そこで,長男に相続の放棄をしてもらうということも考えられますが,相続の放棄は被相続人の生前に行うことが認められていません。その代替案として,遺留分の放棄という方法が挙げられます。

遺留分の放棄は被相続人の生前であっても家庭裁判所の許可を得ることで行うことができます(民法1043)。遺留分放棄の許可は,遺留分を有する相続人が相続開始前に被相続人の住所地の家庭裁判所に申し立てることにより審判が開始され,判断が下されます。

審判の過程では,遺留分を放棄することを申立人が十分理解し,その理由に合理性があるかチェックされます。この審判は被相続人の生前に行われるため,相続開始後に遺留分の放棄(この場合裁判所の許可は不要)又は相続の放棄が可能であるにもかかわらず,その早い段階で許可を求めることに十分な理由がない場合には,許可が下りないことも少なくありません。

(3) 遺留分の侵害がある場合の相続税の申告方法

仮に遺留分の侵害があり,侵害された相続人が侵害した相続人にその権利を行使した場合,直ぐに相手がそれを認めて話がつけばよいですが,相続税の申告期限までに決着がつかず,家庭裁判所に調停・審判を申し立てたり,地方裁判所に遺留分減殺請求訴訟を提起することになることもあるでしょう。その場合,侵害された者は申告期限においてどのような申告を行えばよいのでしょうか。

① 遺言書通りの申告を行う

申告時において遺留分は回復できていないのですから,申告時点での取り分

に基づき申告を行うという考え方で，その後遺留分が認められた時点で増加分につき修正申告を行うという方法です。税務上は特に問題ないと思いますが，恐らく遺留分の交渉上，相手側の主張を認めたととられかねず，不利になることが想定されますので，実際には採りにくい選択肢ではないかと思われます。

② **遺留分を含めたところで申告する**

これは専ら遺留分減殺請求の交渉を有利に進めるための申告方法です。申告期限においては遺留分を含めたところで申告を行い，調停・審判等で減殺請求が決着したところで，その結果に基づき更正の請求等を行うというものです。これは特別な場合の更正の請求事由に該当します（相法32，Q34 参照）。この場合の留意点は，遺留分が認められるかどうか分からない時点で遺留分を含めた多めの申告を行うということで，納税資金が確保できるかどうかが鍵となります。

いずれにせよ，遺留分侵害を巡る争いは相続人に負担を強いるばかりでなく，人間関係の破壊につながりかねないことから，被相続人はそれを侵害しないような遺言書を残すよう十分留意すべきでしょう。

Q52

「おひとりさまの場合死後その財産はどうなる？」

私は二十代で一度結婚しましたが，3年ほどで離婚し，以来ずっと1人で暮らしてきた，いわゆる「おひとりさま」です。婚姻時には子供もできず，両親は既に他界しており，兄弟もいないため，私が死んでも法定相続人が存在しないものと思います。その場合，私の僅かばかりの財産はどうなってしまうのでしょうか？

A 男女とも生涯未婚率が上昇傾向にある上，離婚・死別により配偶者と別れその後一人暮らしを続けるケースも少なくないことから，「おひとりさま」の相続問題は今後わが国において大きくクローズアップされていくことが予想されます。

(1) 相続人不存在の場合の相続財産

被相続人が亡くなり相続が発生しているにもかかわらず，相続人の存否が不明瞭な状態（相続人のあることが明らかでないとき）のことを一般に相続人不存在の状態といいます。相続人不存在の場合，相続財産は法人（相続財産法人，民法951）と扱われ，家庭裁判所が利害関係人又は検察官の請求により相続財産管理人を選任して，この管理人が相続財産の清算管理を行うこととなっています。

相続財産は債権者に対する債務の弁済，(稀ではありますが)特別縁故者への財産分与（民法958の3）を行った後，なお残額がある場合には国庫に帰属することになります（民法959）。

お尋ねのケースの場合，あなたが亡くなると，家庭裁判所が相続財産管理人の選任・債権者への請求申出の公告を行い，次に6か月以上の期間を定めて相続人捜索の公告を行います。その期間に相続人が現れなければ相続人不存在が確定し，残余財産は国庫に帰属することとなります。

(2) 国庫への帰属を避けるには

　国庫への帰属はいわば「税率100％」の相続税を課されたことと同じと言えます。そうではなく，自分の意思を少しでも反映させたいと考えるのであれば，死後財産を残したい人や団体に確実に渡るよう，遺言を残すとよいでしょう。

　あなたの意思を汲み，亡くなった後も有効に活用してくれるような人や団体に財産が残せれば，それは素晴らしいことだと思います。

Q53

「財産をNPO法人に寄附した時の課税は?」

　私の場合妻はおりますが子供はなく，私の死後妻の生活費相当額は遺言で渡すものの，残額はNPO法人や学校法人などに寄附して公益活動に役立ててもらいたいと考えています。遺言でその旨を記載した場合，NPO法人等に対する課税はどうなるのでしょうか？　また，相続人に遺言で寄附するよう依頼した場合はどうなるのでしょうか？

A　わが国でも，ある程度財産を築いた人の中には，財産を相続人に残すばかりでなく，出身校や公益活動を担うNPO法人（特定非営利活動法人）等に寄附することを希望する方が増えているようです。

(1) 遺言による寄附の課税関係
① 遺贈によるNPO法人等への財産の寄附

　遺贈によりNPO法人や学校法人等に財産を寄附した場合，法人は通常相続税の納税義務者から除かれていますので，その財産は相続税が課されないものと考えられます（相法1の3）。ただし，当該法人（持分の定めのないもの）に対する遺贈が遺贈者の親族等の相続税負担の不当な減少につながると認められる場合には，その法人を個人とみなして，相続税が課されます（相法66④）。ここでいう「遺贈者の親族等の相続税負担の不当な減少につながると認められる場合」とは，一般に，遺贈者の親族等が当該法人の運営を事実上支配しているケースなどを指します。

　また，遺贈による寄附の相手方が個人であっても，その個人が宗教，慈善，学術その他公益を目的とする事業を行う者で，その財産が公益を目的とする事業の用に供されることが確実である場合には，相続税が課されません（相法12①三）。

なお，学校法人の中には，信託銀行と提携して，遺贈による寄附の受付を行っているところもあるようです。

② 遺贈により公益法人等に含み益のある財産を寄附した場合

遺贈により公益法人等*に財産を寄附した場合ですが，当該財産が土地や株式等の含み益を有する財産である場合，通常，含み益に係る譲渡所得について遺贈者に対し所得税が課されます（みなし譲渡所得課税，所法59①一）。

しかし，遺贈により公益法人等に財産を寄附した場合，国税庁長官の承認を受けることにより，税法上その遺贈がなかったものとみなされ，譲渡所得について課税されないという特例があります（措法40①）。その場合，寄附した人の相続人及び包括受遺者が連名で承認申請書を提出する必要があります。

(注) 公益法人等とは，公益社団法人，公益財団法人，特定一般法人その他の公益を目的とする事業を行う法人で，「その他の公益を目的とする事業を行う法人」とは，宗教法人，学校法人，社会福祉法人等が該当します。なお，学校法人のうち一定の私立大学又は高等専門学校については，「大学特例」により審査が簡素化されています。措法40条の承認申請は特殊性が強く，また時間がかかることから，十分時間的余裕をもってこの分野に精通した税理士に申請業務を依頼すべきと考えます。

(2) 相続人が寄附した場合の課税関係

相続人が公益社団法人又は公益財団法人その他の公益を目的とする事業を行う法人のうち，教育若しくは科学の振興，文化の向上，社会福祉への貢献その他の公益の増進に著しく寄与するものに対して申告期限までに相続財産を寄附（贈与）した場合，その者又はその者の親族等の相続税又は贈与税の負担が不当に減少する結果となると認められる場合を除き，寄附した財産をその者の相続税の課税価格に計算の基礎に算入しないこととされています（相続税の非課税措置，措法70①）。

ここでいう「その者又はその者の親族等の相続税又は贈与税の負担が不当に減少する結果となると認められる場合」とは，例えば，当該公益法人等の運営が相続人又はその親族により事実上支配されているようなケースを指します。

また，相続人が特定非営利活動法人のうち国税庁長官の承認を受けたもの

（認定NPO法人）に対して申告期限までに相続財産を寄附（贈与）した場合，その者又はその者の親族等の相続税又は贈与税の負担が不当に減少する結果となると認められる場合を除き，寄附した財産には相続税が課されません（措法70①⑪）。

なお，香典返しに代えて，香典として取得した金銭の一部を公益法人等やNPO法人に寄附した場合には，相続税の非課税措置を受けることはできません（措通70－1－9）。

Ⅲ ケース別　相続実務と相続税の相談事例　Q54

Q54 「葬儀はなるべく簡素に行いたいが，親族の反対をどう説得すべきか？」

亡き父は大学の教員で，何事にも合理的な考えの持ち主だったため，生前，葬儀はできることならやらないでほしいと言っていました。ただ，突然の死だったため，遺言のようなものは何一つ残さず，遺志を確かめる術もありませんが，葬儀はなるべく簡素に行いたいと考えています。ところが，父の兄にあたる伯父が，「そんなみっともないことはできない」と強硬に反対し，どうするか決めかねているところです。葬儀費用は相続人である我々が負担するわけですから，当方が反対を押し切って好きなようにやらせてもらおうかとも考えていますが，このような場合，どうすればよろしいでしょうか？

A　近年，大都市圏を中心に葬儀の簡素化が進んでいますが，一方で，親族間で葬儀の規模や方法について意見が対立するケースも少なくないようです。

(1) 簡素化された葬儀

従来は故人の親族や知人のみならず，喪主の会社関係者など，故人と直接の接点がない者の参列する大掛かりな葬儀が開かれていました。ところが，故人の高齢化，会社等職場での人間関係や近所付き合いの希薄化，核家族化の進行に伴う親戚付き合いの希薄化等により，参列者は漸減の傾向にあります。また，わが国の経済状況の停滞により，葬儀の主宰者が大規模な葬儀に伴う費用（参列者100名規模で戒名料を含め200万円から500万円程度）を負担しきれないというのも，葬儀の簡素化に拍車をかけているようです。

簡素化された葬儀には，主として以下の二つの類型があるようです。

① 家族葬

　家族葬とは一般に，故人の家族，親族及び故人と生前親しかった友人らで行う葬儀のことを指します。家族葬は必ずしも葬儀の簡素化ばかりを図ったものではなく，葬儀会社のお仕着せの葬儀を嫌い，故人の人となりや流儀に合った弔い方を追求するものであったりします。また，そのようなニーズに合わせた葬儀プランを提供する葬儀会社もみられます。

② 直葬

　直葬とは一般に，通夜や葬儀・告別式を一切行わず，火葬のみを行う弔いの方法を指します。なお，法律上火葬は義務付けられているわけではありませんが，土葬は多くの場合場所の確保が難しいため，わが国では事実上火葬以外に選択肢がありません。なお，東京都や大阪府では，条例により土葬が禁じられている地域があります（東京都の場合：墓地等の構造設備及び管理の基準等に関する条例施行規則6条）。

　なお，金銭面から言うと，家族葬や直葬の場合，香典はほとんど期待できません。したがって，ある程度香典が期待できる一般的な葬儀の方がむしろ実質的な負担が軽減される可能性があることも念頭に置いた方がいいでしょう。

(2) 遺族の都合のみでなく周囲への配慮も重要

　故人の遺志に配慮し，その思いの込められた葬儀を行おうとすることは素晴らしいことです。また，会社関係者に対しては，「葬儀は近親者のみで済ませました。焼香，香典はお断りしております」と言えば最近は了解を得られるケースが多いようです。

　しかし，故人の遺志が不明な場合，専ら遺族（相続人）の都合で，葬儀の簡素化が進められる場合，周囲との軋轢が生じがちです。たとえ故人の遺志が簡素な葬儀であったとしても，故人とのお別れの時間が非常に限られている葬儀では，親族の了解が得られない可能性があります。

　また，家族葬や直葬を選択した場合であっても，生前故人と付き合いのあった親族や友人にその死を知らせないと，葬儀が終わったのちそれを知った人た

Ⅲ　ケース別　相続実務と相続税の相談事例

ちが自宅に香典を持ってひっきりなしに現れるということにもなりかねません。生前交友範囲が広かった故人の場合には，特に配慮が必要でしょう。

Q55

「認知症を発症した相続人は遺産分割協議に参加できるか？」

父が先日遺言書を残さず亡くなりました。相続人は母と長男である私を含めた兄弟3人で，この4人で遺産分割協議を行おうと考えていますが，昨年脳梗塞を患った母は，認知症の症状があらわれて，協議に参加できるような状況にはありません。このような場合，遺産分割協議はどのように行うのでしょうか？

A お母様の具合が心配ですが，認知症が進んで判断能力が低下した場合には，成年後見制度を利用し，適切な後見人等を選任してお母様の権利を守る必要があります。

(1) 後見人等の選任

Q36 で説明しましたとおり，成年後見制度においては，後見・保佐・補助の三類型があります。お母様の判断能力の程度により適切な類型を決め，早急に家庭裁判所に後見人等の選任申立を行い，審判を経て後見人等を選任してもらいましょう。

三類型のうち，後見の場合，後見人は被後見人の財産に関する法律行為の包括的な代理権を有するため，遺産分割協議に被後見人の代理人として参加することができますが，保佐及び補助の場合，保佐人及び補助人の代理権は限定されます。保佐及び補助の場合で，未だ遺産分割協議に関する代理権が付与されていないときには，家庭裁判所に対し当該代理権の付与の申立を行う必要があります。

(2) 利益相反行為の禁止

後見人には被後見人の親族がなるケースが多いですが，相続人が後見人にな

る場合，利益相反行為について留意しなければなりません。すなわち，被後見人（本件では母）が相続人の1人として遺産分割協議に参加する場合，母を代理する後見人（本件では例えば長男）自身も相続人に該当するので，利益相反行為となり，被後見人の利益が害されるため，このようなケースでの代理権の行使は禁止されています。このような場合には，家庭裁判所に特別代理人の選任の申立を行う必要があります。

Q56

「節税以外の目的でも相続時精算課税制度は有効?」

　私は数年前定年を迎え、関連会社に再就職をしましたが、昨年から年金を受給できるようになったので退職し、現在悠々自適の生活を送っています。一人息子は大学を出てあるメーカーに勤めていますが、最近友人と事業を始めたいと言っています。甘いと言われそうですが、親としては何歳になっても子供のことは心配なので、多少の援助をしてやりたいと考えていますが、相続時精算課税制度を利用すれば、2,500万円まで無税で贈与できると聞きました。私の財産には大したものはなく、将来の相続税の節税など考える必要はありませんが、そんな私でもこの制度を使った方がいいでしょうか?

A　相続時精算課税制度は、Q25 でも説明しましたとおり、生前贈与を後押しするために、平成15年度の税制改正で導入された制度です。

(1) 相続税がかからない人ほど有効

　相続時精算課税制度は、多額の相続税負担が想定される資産家のための制度と誤解されている向きがありますが、相続税は課されないものの、生前贈与による多額の贈与税負担は避けたいという方々にも非常に有効なツールとなっています。

　従来であれば、生前贈与をしようにも、暦年課税の基礎控除額(年間110万円)が低かったため、それを超えると多額の贈与税が課されていました。相続時精算課税制度を使えば、2,500万円まで非課税で贈与を行うことができます。当該制度の適用を受けた贈与は、相続発生時に相続財産に組み込まれますが、相続税が課されないレベルの資産の持ち主であれば、その心配も無用です。お尋ねのようなケースでは、積極的にこの制度の利用を検討すべきでしょう。

(2) 遺留分の放棄とセットで利用する

　先に **Q51** において，遺留分の放棄は裁判所の許可が下りにくいという話をしました。しかし，相続対策に関して，相続税精算課税制度（生前贈与）と遺留分の放棄とをセットで利用した場合には，裁判所の理解も得易いのではないかと思われます。

　例えば，事業を行っている方に長男と二男がいるとします。事業は長男に継いでもらう予定ですが，二男にも相応の財産を残さないと，相続時にもめそうなことが想定されます。そこで，生前に二男に相当額の現金を贈与し，その代わりに将来の相続時における遺留分の放棄を行うという提案を行います。これにより，遺留分放棄の理由とそれへの代償が明確であることから，裁判所の許可も得られるものと考えられ，その結果，長男への事業承継が比較的スムーズに進むものと期待されます。

　先ごろ導入された非上場株式等に係る贈与税・相続税の納税猶予制度の枠組みに似ていますが，当事者が納得した場合，こちらの方が自由度がより高いと言えます。

Q57

「住宅資金の贈与は優遇されていると聞きましたが？」

私には子供が2人（長男及び長女）おり，ともに結婚して我が家を出ております。最近両家庭に子供ができ，私にとっては初孫なので喜びも一入です。どちらも借家住まいで子供部屋はないので，これを機にマンションを購入してはどうかと提案しました。子供が大きくなるにつれ何かと物入りなので，住宅取得資金は私が援助してやりたいと考えています。最近の税制改正で，住宅取得資金の贈与については優遇措置が導入されていると聞きましたが，どういうものか教えてください。

A 従来から住宅取得資金の贈与に関する税制上の優遇措置はありましたが，近年その規模が拡大されています。ただし，ほぼ毎年のように金額や要件が変更されていますので，内容を十分に確認し，その要件に適合するような贈与を行うようしましょう。

(1) 住宅取得等資金の贈与に係る贈与税の非課税措置

これは平成22年度の税制改正で，その前年，麻生内閣の下で平成21年の経済危機対策として導入された住宅取得等資金の贈与に係る贈与税の非課税措置（500万円）の非課税枠を拡充する形で導入されたものです。要件は以下のとおりです。

① **対象となる贈与**

直系尊属（父母，祖父母等）からの贈与により住宅家屋の新築，取得又は増改築等に充てるための資金を取得した特定受贈者が，一定の住宅用家屋の新築，取得又は増改築をした場合

② **非課税金額**

ア．平成22年中に住宅資金の贈与を受けた者　　1,500万円

イ．平成23年中に住宅資金の贈与を受けた者　　1,000万円

③ **特定受贈者とは**

特定受贈者とは、以下の要件をすべて満たす者です。

ア．住宅取得等資金の贈与をした者がその者の直系尊属であること

イ．贈与時に国内に住所を有する者であること、又は、日本国籍を有する者で贈与時において国内に住所を有しない者*であること

　（注）　受贈者又は贈与者が贈与の日前5年以内に国内に住所を有したことがある場合に限ります。

ウ．住宅取得等資金の贈与を受けた年の1月1日において20歳以上であること

④ **適用対象者の制限**

適用対象者は贈与を受けた年の合計所得金額が2,000万円以下でなければなりません。

(2) 住宅取得等資金の贈与に係る贈与税の非課税措置（500万円）

これは上述のとおり、麻生内閣時に導入された制度で、平成21年1月1日から平成22年12月31日までの間に直系尊属（父母、祖父母等）からの贈与により住宅家屋の新築、取得又は増改築等に充てるための資金を取得した特定受贈者が、一定の住宅用家屋の新築、取得又は増改築をした場合、贈与税の非課税措置が受けられるというものです。

① **対象となる贈与**

⑴①と同じです。

② **非課税金額**

500万円です。

③ **特定受贈者とは**

⑴③と同じです。

④ **適用対象者の制限**

所得による制限はありません。

⑤ (1)と(2)の選択適用

平成22年度においては，(1)と(2)との選択適用が可能です。通常，(1)の方が有利ですが，所得水準が高く(1)④の制限を受ける人は，(2)を選択することとなります。

(3) 相続時精算課税制度に係る住宅取得等資金の贈与の特例の廃止

改正前は，Q25で触れたとおり，住宅の新築，取得又は増改築の資金を親から贈与を受けた場合，通常の2,500万円の非課税枠に1,000万円上乗せした3,500万円まで非課税となる特例がありました。

ところが，この特例は，(1)の導入に伴い，平成21年12月末日をもって廃止されました。

(4) 贈与税の非課税措置と相続時精算課税制度の違い

平成22年度においては，住宅取得等資金について1,500万円（非課税）＋2,500万円（精算課税）＝4,000万円まで贈与税の課税なしに贈与することができます。これは，従来の制度の適用があった平成21年度の，500万円（非課税）＋1,000万円（精算課税の上乗せ）＋2,500万円（精算課税）＝4,000万円と同額となります。

しかし，非課税措置を受けた金額は相続時に加算されませんが，精算課税の適用金額については，相続時に相続税の課税価格に加算されるという大きな違いがあります。したがって一般に，生前贈与については，非課税措置の方が相続時精算課税よりも有利と言えます。

Q58

「按分割合の調整をした方がいいときとは？」

　現在亡き父親の相続に関し，税理士に相続税の申告書の作成を依頼しているところです。その過程において税理士から聞いた話ですが，相続税額の計算において，各相続人の相続税額は，相続税額の総額に按分割合を乗じて計算することになるようです。そのため，この「按分割合」の調整具合により，税負担が変わってくるとのことですが，具体的にはどういうことか，教えてください。

A　各相続人の相続税の課税価格を相続税の課税価格の合計額で割った値を一般に「按分割合」といいます（相法17）。これを数式で示すと以下のとおりとなります。

・各相続人の相続税額＝相続税の総額×按分割合

・按分割合＝$\dfrac{\text{各相続人の相続税の課税価格}}{\text{相続税の課税価格の合計額}}$

　この按分割合に小数点以下第2位未満の端数がある場合，相続人全員が選択した方法により，各相続人の割合の合計が1になるようにその端数を調整して申告する場合，これが認められます（相基通17-1）。この按分割合をどう調整すると有利になるのか，以下でケース別に見ていきましょう。

(1) 配偶者の場合

　配偶者の按分割合については，配偶者の税額軽減と第二次相続を考慮した調整を行うと有利になります。具体的にはそれは，配偶者の税額軽減を最大限に受けるために配偶者の端数を切り上げることを意味します。この切上げはまず第一次相続における税額最小化につながります。また，その結果，配偶者の納

付税額が生じることで，第二次相続の対象財産が減少するとともに，仮に10年以内に第二次相続が発生すれば相次相続控除が受けられるという有利性も加わります。

【設　例】
- 相続人：配偶者（母），長男，長女
- 相続税の課税価格の合計額：50,000万円
- 各相続人の相続割合：3分の1ずつ
- 相続税の総額（配偶者の税額軽減前）：11,700万円

---

① 端数処理をしない場合

	配偶者	長男	長女	合計
按分割合	0.3333333	0.3333333	0.3333333	1.00
算出税額	3,900万円	3,900万円	3,900万円	11,700万円
配偶者の税額軽減	3,900万円	－	－	3,900万円
納付税額	0	3,900万円	3,900万円	7,800万円

② 配偶者の端数を切り捨てた場合

	配偶者	長男	長女	合計
按分割合	0.33	0.34	0.33	1.00
算出税額	3,861万円	3,978万円	3,861万円	11,700万円
配偶者の税額軽減	3,861万円	－	－	3,861万円
納付税額	0	3,978万円	3,861万円	7,839万円

③ 配偶者の端数を切り上げた場合

	配偶者	長男	長女	合計
按分割合	0.34	0.33	0.33	1.00
算出税額	3,978万円	3,861万円	3,861万円	11,700万円
配偶者の税額軽減	3,900万円	－	－	3,900万円
納付税額	78万円	3,861万円	3,861万円	7,800万円

Ⅲ ケース別 相続実務と相続税の相談事例 Q58

②は配偶者の税額軽減を他のケースほど活用していないため，納付税額の総額が39万円増加し不利になります。残る①と③の比較ですが，第一次相続に関して両者の差はありませんが，第二次相続を考えると，配偶者の財産が第一次相続時の相続税額分だけ目減りしている（その分第一次相続時の長男・長女の取得財産が増加している）ため，第二次相続をも考慮した相続税対策の観点からいえば，③の方が有利と言えます。③の方法はいわば，第一次相続時に長男・長女が負担すべき税額の一部を配偶者が合法的に負担しているというわけです。

(2) 取得費加算の対象者の場合

相続財産を相続税の申告期限から3年以内に譲渡する場合，譲渡所得の計算上，相続税の取得費加算の特例（措法39）の適用を受けることができます（Q14参照）。

そのため，相続財産を譲渡する予定のある相続人がいる場合には，当該相続人の按分割合を切り上げ，譲渡所得の計算上，相続税の取得費加算の対象となる相続税額を増加させるように調整するのが有利となります。

【設 例】
- 相続人：配偶者（母），長男，長女
- 相続税の課税価格の合計額：78,000万円（うち土地A 26,000万円，現金52,000万円）
- 各相続人の相続分：配偶者（現金のみ31,000万円），長男（土地Aのみ），長女（現金のみ21,000万円）
- 相続税の総額（配偶者の税額軽減前）：23,400万円
- 長男が土地A（先祖代々受け継いだ土地で取得費は時価の5％）を30,000万円で譲渡する。
- 譲渡費用はないものとする。

① 端数処理をしない場合

	配 偶 者	長 男	長 女	合 計
按 分 割 合	0.39743589	0.33333333	0.26923076	1.00
算 出 税 額	9,300万円	7,800万円	6,300万円	23,400万円
配偶者の税額軽減	9,300万円	—	—	9,300万円
納 付 税 額	0	7,800万円	6,300万円	14,100万円

＜譲渡益課税＞

30,000万円－(1,500万円＋7,800万円＊)＝20,700万円

20,700万円×20％＝4,140万円（譲渡益に係る所得税額）

(注) 相続税の取得費加算の額：7,800万円×$\frac{26,000万円}{26,000万円}$＝7,800万円

② 長男の端数を切り上げた場合

	配 偶 者	長 男	長 女	合 計
按 分 割 合	0.40	0.34	0.26	1.00
算 出 税 額	9,360万円	7,956万円	6,084万円	23,400万円
配偶者の税額軽減	9,300万円	—	—	9,300万円
納 付 税 額	60万円	7,956万円	6,084万円	14,100万円

＜譲渡益課税＞

30,000万円－(1,500万円＋7,956万円＊)＝20,544万円

20,544万円×20％＝4,108.8万円（譲渡益に係る所得税額）

(注) 相続税の取得費加算の額：7,956万円×$\frac{26,000万円}{26,000万円}$＝7,956万円

③ 配偶者及び長女の端数を切り上げた場合

	配 偶 者	長 男	長 女	合 計
按 分 割 合	0.40	0.33	0.27	1.00
算 出 税 額	9,360万円	7,722万円	6,318万円	23,400万円
配偶者の税額軽減	9,300万円	—	—	9,300万円
納 付 税 額	60万円	7,722万円	6,318万円	14,100万円

<譲渡益課税>

30,000万円－(1,500万円＋7,722万円＊)＝20,778万円

20,778万円×20％＝4,155.6万円（譲渡益に係る所得税額）

(注) 相続税の取得費加算の額：7,722万円×$\frac{26,000万円}{26,000万円}$＝7,722万円

上記①～③は，相続税の納付税額は同額ですが，取得費加算を勘案した譲渡益課税は土地を譲渡する長男の按分割合を切り上げた②が最少となり，相続人全体でみれば有利であることが分かります。これを実行するか否かは，切上げにより長男の相続税の納付額が増加することを長男自身が納得するかどうかがカギとなるでしょう（全体最適が部分最適とは限らない）。

④ 配偶者及び長女の端数を切り下げ長男の端数を切り上げた場合

	配 偶 者	長 男	長 女	合 計
按 分 割 合	0.39	0.35	0.26	1.00
算 出 税 額	9,126万円	8,190万円	6,084万円	23,400万円
配偶者の税額軽減	9,126万円	－	－	9,126万円
納 付 税 額	0	8,190万円	6,084万円	14,274万円

<譲渡益課税>

30,000万円－(1,500万円＋8,190万円＊)＝20,310万円

20,310万円×20％＝4,062万円（譲渡益に係る所得税額）

(注) 相続税の取得費加算の額：8,190万円×$\frac{26,000万円}{26,000万円}$＝8,190万円

なお，④のように配偶者及び長女の端数を切り下げ，長男の端数を切り上げるという方法もありますが，相続税額が174万円増加するにもかかわらず，所得税は②よりも46.8万円しか減少しませんので，得策とは言えないでしょう。

(3) 二割加算の対象者の場合

被相続人の一親等の血族，被相続人の直系卑属が養子になっている場合で，その者が代襲相続人でもある場合及び被相続人の配偶者以外の者は，原則としてその者の算出税額に二割相当額の税額が加算されます（相法18①）。

相続又は遺贈で財産を取得した者の中に上記二割加算の対象者がいる場合，その者の按分割合を切り捨てると，相続税納付税額の総額が減少します。

> 【設 例】
> ・相続人：配偶者（母），長男，長男の子（孫で養子）
> ・相続税の課税価格の合計額：50,000万円
> ・各相続人の相続分：3分の1ずつ
> ・相続税の総額（配偶者の税額軽減前）：11,700万円

① 端数処理をしない場合

	配偶者	長男	孫	合計
按分割合	0.33333333	0.33333333	0.33333333	1.00
算出税額	3,900万円	3,900万円	3,900万円	11,700万円
二割加算	－	－	780万円	780万円
配偶者の税額軽減	3,900万円	－	－	3,900万円
納付税額	0	3,900万円	4,680万円	8,580万円

② 孫の端数を切り上げた場合

	配偶者	長男	孫	合計
按分割合	0.33	0.33	0.34	1.00
算出税額	3,861万円	3,861万円	3,978万円	11,700万円
二割加算	－	－	795.6万円	795.6万円
配偶者の税額軽減	3,861万円	－	－	3,861万円
納付税額	0	3,861万円	4,773.6万円	8,634.6万円

③ 配偶者の端数を切り上げた場合

	配偶者	長男	孫	合計
按分割合	0.34	0.33	0.33	1.00
算出税額	3,978万円	3,861万円	3,861万円	11,700万円
二割加算	－	－	772.2万円	772.2万円
配偶者の税額軽減	3,900万円	－	－	3,900万円
納付税額	78万円	3,861万円	4,633.2万円	8,572.2万円

　納付税額総額をみると，配偶者の端数を切り上げた③が最も少なく，二割加算の対象者である孫の端数を切り上げた②が最も多くなり，第一次相続の観点からは③が最も有利です。また，配偶者の財産が第一次相続時の相続税額分だけ目減りしている（一方長男と孫は税額の減少分相当額だけ取得財産が増加する）ため，第二次相続の点から見ても③が有利と言えます。

　ただし，二割加算の対象者が直系卑属以外の場合，第二次相続の考え方は変わるので，さらに個別に検討すべきでしょう。

Q59

「代償分割の場合，有利な計算方法があると聞きましたが？」

父の相続財産は自宅のほか，賃貸マンション一棟で，それらをすべて配偶者である母が相続することとなりました。残りの相続人である私（長男）と妹（長女）は，代わりに法定相続分相当額の金銭を受けることとなりました。これを代償分割と言うようですが，代償分割を行った場合，二つの計算方法があると聞きました。その方法と有利なのはいずれか教えてください。

A 代償分割を行った場合，代償財産の交付を行った者と受けた者の区分に従い，以下のように課税価格を計算します（相基通11の2－9）。

(1) 代償財産の交付を行った者

相続又は遺贈により取得した財産の価額から交付した代償財産の価額を控除した金額が課税価格となります。

(2) 代償財産の交付を受けた者

相続又は遺贈により取得した財産の価額と交付を受けた代償財産の価額を加算した金額が課税価格となります。

(3) 代償債務の評価方法

原則は上記(1)(2)のとおりですが，代償財産の価額は，代償分割の対象となった財産を現物で取得した者が他の共同相続人又は包括受遺者に対して負担した債務（代償債務）の額の相続開始時の金額によるものとされています。

この代償債務の評価方法には以下の二通りがあり，納税者はそのいずれか有利な方を選択することができます。

① 代償債務を実際の支払額で評価する方法
② 代償債務を代償分割の対象となった資産の時価と相続税評価額との比で評価する方法

すなわち，代償債務の評価額＝代償債務の額×$\dfrac{資産の相続税評価額}{資産の時価}$

また，当事者全員の合意があり，かつその方法を用いることに合理的な理由がある場合には，②に準じる方法等により評価することもできます（相基通11の2－10）。

(4) 評価方法の違いによる相続税額への影響

代償債務の評価方法の違いにより，相続税の課税価格は以下のように異なってきます。

----【設　例】----
・相 続 人：配偶者（母），長男，長女
・相続財産：土地及び家屋（相続税評価額2億4,000万円，時価3億円）
・分割方法：配偶者が全遺産を相続，長男・長女に対し法定相続分相当額の金銭（7,500万円ずつ：時価ベース）を交付する。
・相続税の総額（配偶者の税額軽減前）：2,900万円

① 代償債務を実際の支払額で評価する方法

	配偶者	長男	長女	合計
取得財産の価額	24,000万円	－	－	24,000万円
代償債務	△15,000万円	－	－	△15,000万円
代償債権	－	7,500万円	7,500万円	15,000万円
課税価格	9,000万円	7,500万円	7,500万円	24,000万円
按分割合	0.375	0.3125	0.3125	1.00
算出相続税額	1,087.5円	906.25万円	906.25万円	2,900万円
配偶者の税額軽減	△1,087.5万円	－	－	△1,087.5万円
納付税額	0	906.25万円	906.25万円	1,812.5万円

② 代償債務を代償分割の対象となった資産の時価と相続税評価額との比で評価する方法

この方法では，代償債権・債務を以下のとおり評価します。

ア．配偶者の代償債務

（実際の支払額）（相続税評価額）（時　価）
15,000万円 × 24,000万円 ÷ 30,000万円＝12,000万円

イ．長男・長女の代償債権

7,500万円×24,000万円÷30,000万円＝6,000万円

	配 偶 者	長 　 男	長 　 女	合 　 計
取得財産の価額	24,000万円	－	－	24,000万円
代 償 債 務	△12,000万円	－	－	△12,000万円
代 償 債 権	－	6,000万円	6,000万円	12,000万円
課 税 価 格	12,000万円	6,000万円	6,000万円	24,000万円
按 分 割 合	0.50	0.25	0.25	1.00
算 出 相 続 税 額	1,450万円	725万円	725万円	2,900万円
配偶者の税額軽減	△1,450万円	－	－	△1,450万円
納 付 税 額	0	725万円	725万円	1,450万円

①と②を比較すると，②の方が配偶者の税額軽減を有効に利用しているため，各人の納付税額及び納付税額総額が共に減少しており，有利と言えます。

Q60

「再婚同士の夫婦が相続に当たり留意すべき点は？」

　私は3年前に離婚して1人で生きてきましたが，最近趣味のサークルで知り合った女性（配偶者とは死別）と結婚しようと考えています。私の子供（長男）は前の妻が引き取っていますが，相手の女性には娘が2人います。幸い相手の子供たちは私に懐いてくれましたので，結婚しても何とかやっていけそうです。ただし，小学生である相手の子供の姓が再び変わるのを避けるため，いわゆる事実婚でもいいかなと考えています。将来の相続を考えた場合，再婚同士の夫婦が留意すべき点を教えてください。

A　高齢化社会の進行に伴い，離婚・死別を経験した人が再婚するケースも増加しています。それに伴い，再婚カップル特有の相続問題も生じていますので，以下で見ていきましょう。

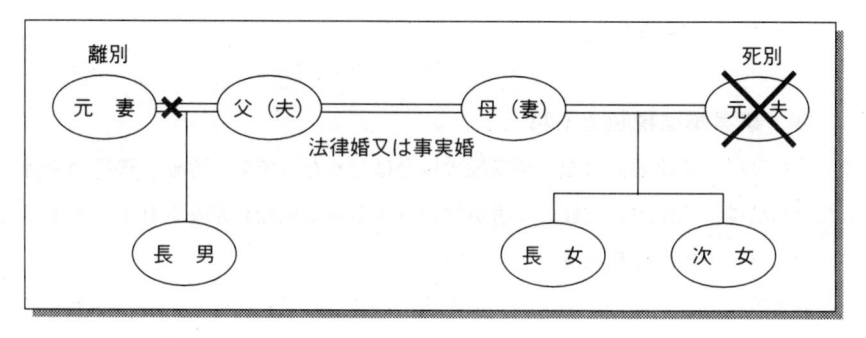

```
　離別　　　　　　　　　　　　　　　　　死別
　元妻 ──✕── 父（夫）══════母（妻）══＝✕=元夫
　　　　　　　　　　法律婚又は事実婚
　　　　　│　　　　　　　　　　　│　　　　│
　　　　長男　　　　　　　　　　長女　　　次女
```

(1) 連れ子の相続権

　質問者（父）と元妻との間の子（長男）は離婚後も質問者の子供のままで，質問者の相続が発生した場合には長男は法定相続人となります。一方，質問者が再婚（法律婚）した場合，連れ子である長女・次女は，質問者の相続が発生した場合には法定相続人となりません。長女・次女に相続権を持たせるためには，

質問者（継父）と長女・次女間で養子縁組を行う必要があります。その場合，長男，長女，次女の法定相続割合はそれぞれ同じ（1/6）になります。

なお，婚姻後配偶者の連れ子を養子にした場合，相続税法上，その子は実子とみなされます（相法15③，相基通15－6）。

(2) 夫婦財産契約の活用

民法上は，離婚の際の財産分与は，婚姻中夫婦が協力して得た財産（共有財産）及びいずれに属するか明らかでない財産（推定共有財産）が対象となります。しかし，どの財産が共有財産となるのか，離婚の際もめることも頻繁に見られます。これを回避するため，最近，婚姻前に予め夫婦の財産の所有や管理，離婚の際の財産の清算方法を定めておく夫婦財産契約を活用しようというカップル（特に再婚の場合）も見られるようです。

ひとつ留意すべきは，税法上，夫婦財産契約の履行により夫婦間で財産の移転があった場合には，贈与があったものとみなされる可能性があるということです（みなし贈与，相法9）。なお，離婚による財産分与の場合，通常贈与税は課されません（相基通9－8）。

(3) 事実婚は税制上不利

それでは，法律婚ではなく事実婚の場合はどうなるでしょうか。現行の民法及び税法は，法律婚に比較して事実婚の方が不利な取扱いがなされています。

① パートナーの相続権

事実婚のパートナーには民法上相続権が認められていません。パートナーに財産を残すためには，遺言書でその旨を明記する必要があります。

② 所得税法上の違い

所得税法上，配偶者控除・配偶者特別控除は事実婚のパートナーは対象外となります。また，医療費控除や社会保険料控除等についても，生計を一にする配偶者の医療費や国民年金の保険料は控除の対象となりますが，事実婚のパートナーの場合は対象外となります。

③ 相続税法上の違い

民法上相続権が認められていないことに伴い，相続税法上も事実婚のパートナーは法定相続人とされないので，基礎控除等の計算上，法定相続人にカウントされません。その結果，以下のような違いが生じます。

【設 例】

~質問者のケース~

・相続財産：9,000万円（現金と預金）→長男，長女，次女が3,000万円ずつ相続

・死亡退職金：1,500万円→妻（パートナー）が受取人

・死亡保険金：1,500万円→妻（パートナー）が受取人

・遺産の合計：12,000万円

・婚姻（又は事実婚）後，質問者と長女・次女間で養子縁組を行っている

（法律婚の場合）

・法定相続人は4人であるため，死亡退職金・死亡保険金はそれぞれ2,000万円まで非課税

・相続税の基礎控除は，

5,000万円＋1,000万円×4人＝9,000万円

→ したがって，このケースでは相続税は課されない

（事実婚の場合）

・法定相続人は2人（長男及び長女又は次女のうちいずれか1人）である

・死亡退職金・死亡保険金は全額みなし相続財産とされる

・相続税の基礎控除は，

5,000万円＋1,000万円×2人＝7,000万円

・相続税の課税価格は，

（9,000万円＋500万円×2）−7,000万円＝3,000万円

・相続税の総額は，

長男：$3,000万円 \times \dfrac{1}{3} \times 10\% = 100万円$

長女：3,000万円×$\dfrac{1}{3}$×10%＝100万円

次女：3,000万円×$\dfrac{1}{3}$×10%＝100万円

　　→ 相続税額：300万円

（注）　相続又は遺贈により財産を取得した者が，その被相続人の一親等の血族又は配偶者以外の者である場合には，その者の相続税額は，算出税額に20％加算された金額となります（相法18①）。なお，養子は被相続人の一親等の法定血族ですので，原則として20％加算の適用はありません（相基通18－3）。

Q61

「配偶者の税額軽減を最大限に生かすには？」

相続税法上，配偶者には税額軽減措置がなされていますが，遺産分割の方法等により，当該措置を十分活用しきれないケースがあると聞きました。具体的にどういうことに留意すべきか教えてください。

A 相続税における配偶者の税額軽減措置は納付税額を減らすのに重要な規定ですので，その効果を最大限に活用できるよう工夫する必要があります。

(1) 代償分割の場合

代償分割の場合の代償債務の評価方法には，①代償債務を実際の支払額で評価する方法と，②代償債務を代償分割の対象となった資産の時価と相続税評価額との比で評価する方法とがあります。

Q59 でも見てきましたが，配偶者が他の相続人に対し代償債務を負う場合，一般に②による方が配偶者の税額軽減措置を有効に利用することができます。

(2) 按分割合の調整

各相続人の相続税の課税価格を相続税の課税価格の合計額で割った値を一般に「按分割合」といいますが，この割合に小数点以下第2位未満の端数がある場合，相続人全員が選択した方法により，各相続人の割合の合計が1になるようにその端数を調整して申告する場合，これが認められます。

Q58 でも見てきましたが，相続人に配偶者がいる場合には，配偶者の税額軽減を最大限に受けるため，配偶者の端数を切り上げるのが得策と言えます。この切上げは，まず第一次相続の税額最小化につながります。また，その附随的効果として，配偶者の納付税額が生じることにより，第二次相続の対象財産

が減少するとともに、仮に10年以内に第二次相続が発生すれば相次相続控除が受けられるという有利性も加わります。

(3) 配偶者が贈与税額控除等を受ける場合

相続又は遺贈により財産を取得した者が被相続人から相続開始前3年以内に贈与により取得した財産（ただし特定贈与財産*及び非課税財産を除く）については、その評価額を相続税の課税価格に加算することとされています（相法19）。

　（注）　特定贈与財産とは、婚姻期間が20年以上である配偶者に該当する被相続人からの贈与によりその被相続人の配偶者が取得した居住用財産又は金銭で、一定のものを指します（相法19②）。

また、この規定の対象となる財産につき既に納付した贈与税額は、その者の相続税額から控除されます（贈与税額控除、相法19①）。

この規定は配偶者に対しても同様に適用がありますが、配偶者の場合、贈与税額控除後の算出税額に対して配偶者の税額軽減規定の適用がありますので、当該税額軽減規定を有効に活用するためには、配偶者は1億6,000万円を超えかつ法定相続分をも超える財産を相続するようにすべきとなります。

同様のことが、未成年者控除、障害者控除、相次相続控除及び外国税額控除を配偶者が受ける場合についても言えます。

【設　例】
- 相続人：配偶者（母），長女
- 相続財産：2億8,800万円
- 生前贈与の状況：相続開始の年以前3年間毎年200万円ずつ母及び長女に現金の贈与を行っていた。各年の贈与税額は9万円（母及び長女同額）だった。相続開始の年の贈与については贈与税が課されていない。
- 相続税の総額（配偶者の税額軽減前）：5,800万円

Ⅲ ケース別 相続実務と相続税の相談事例 Q61

<ケース1> 法定相続分で相続する。

	母	長女
相 続 財 産	14,400万円	14,400万円
生 前 贈 与 加 算	600万円	600万円
課 税 価 格	15,000万円	15,000万円
按 分 割 合	0.50	0.50
算 出 税 額	2,900万円	2,900万円
贈 与 税 額 控 除	△18万円	△18万円
配偶者の税額軽減額	△2,882万円	−
納 付 税 額	0	2,882万円

<ケース2> 母：長女＝5.5：4.5とする

	母	長女
相 続 財 産	15,900万円	12,900万円
生 前 贈 与 加 算	600万円	600万円
課 税 価 格	16,500万円	13,500万円
按 分 割 合	0.55	0.45
算 出 税 額	3,190万円	2,610万円
贈 与 税 額 控 除	△18万円	△18万円
配偶者の税額軽減額	△2,900万円	−
納 付 税 額	272万円	2,592万円

　ケース1と2を比較した場合，納付税額の合計はケース2の方が18万円（贈与税額控除相当分）少なくなります。これは，ケース1は贈与税額控除分だけ配偶者の税額軽減の適用額が減少していますが，ケース2はそれがなく，贈与税額控除も配偶者の税額軽減も最大限活用していることによるものです。

2 企業オーナーと医師・歯科医師のケース

Q62

「個人事業と法人とで事業承継がやりやすいのはどちら？」

私は洋菓子店のオーナー兼パティシエで，店を開いてから今年で15年になります。お陰様でお客様に恵まれ，最近はテレビや雑誌等で紹介されることも増え，デパートにも支店をいくつか出店するまでになりました。事業形態は未だに個人事業主のままですが，取引先等から信用アップや事業承継を考えるのであれば法人化した方がよいといわれています。信用アップの方は分かるのですが，事業承継について，法人の方が有利と言うのはどういうことか説明してください。

A 事業承継に関し法人形態の方が有利とされる主たる理由は，①事業用資産の承継手続の簡素化，②退職金支給の可否，③株価対策による相続税対策が可能となる，といった点にあると考えられます。以下で各項目について説明しましょう。

(1) 事業用資産の承継手続の簡素化

個人事業と法人とでは，事業用資産の所有形態が直接所有と間接所有という点で異なります。すなわち，個人事業の場合，経営に使用している各財産を一つ一つ個別に承継しなければならないのに対し，法人の場合，経営に使用している各財産が法人に帰属しているため，法人の出資持分を相続すれば個別に承継することなくまとめて移転させることができるということになります。

個人事業の場合，事業に係る重要な資産の所有権が経営者以外にあると，事業承継の際支障を来たす可能性がありますので，早めに権利関係を経営者に一

元化するように対策を採るべきでしょう。

(2) 退職金支給の可否

税務上の大きな論点として，退職金支給の可否があります。すなわち，個人事業の場合，原則として退職金を支給することはできません*が，法人の場合，社長等役員の引退・死亡に際して退職金を支払うことができます。

> (注) 個人事業主向けの退職金類似の制度として，小規模企業共済からの共済金の受給があります。小規模企業共済制度の加入により，掛け金（毎月1,000円から70,000円）に応じた共済金を受けることができます。小規模企業共済の掛け金は全額所得控除され，また，事業廃止時の一時払共済金は退職所得，分割払共済金は公的年金等の雑所得と扱われます。さらに，個人事業主の死亡により相続人が受ける共済金は相続税の課税財産（みなし相続財産）となりますが，非課税枠（500万円×法定相続人の数）の適用があります。仮に法人化を行わない場合であっても，小規模企業共済制度の加入は検討した方がいいでしょう。

退職金は法人の留保利益を回収する手段として有効であり，かつ，持分の評価額を引き下げる上で効果的です。

また，生前の退職金であれば退職所得控除が受けられ，死亡に起因する退職金（退職手当金，被相続人の死亡後3年以内に確定したもの）であれば，所得税は課税されず，相続税の課税価格に算入されますが，非課税枠（500万円×法定相続人の数）がありますので，有利です（相法3①二）。

(3) 株価対策による相続税対策が可能となる

(1)で個人事業と法人とでは，事業用資産の所有形態が直接所有と間接所有という点で異なるという話をしました。この特徴は株価対策でも差が出てきます。すなわち，個人事業の場合，資産を直接保有しているため，資産の値上がり益や含み益が直接資産の評価額に反映し，相続税の課税価格が上昇することとなります。一方，法人の場合，資産は間接保有であるため，資産の値上がり益や含み益については原則として42％（法人実効税率）相当額の控除後の評価額に基づき相続税の課税価格が算定されることから，相続税負担が軽減されます。

また，個人事業の場合，資産の価格を引き下げるような対策を採ることは非

常に困難ですが，法人形態の場合，法人税の節税対策を行うことにより，株価を引き下げる余地があります。さらに，事業承継時の財産の名義変更コストも一般に法人の方が少なくて済みます。

ただし，個人資産を法人に移転する場合には，移転に係る譲渡益課税等の負担が多額になる可能性がありますので，移すべき資産の内容やタイミングを事前によく検討すべきでしょう。

Ⅲ ケース別　相続実務と相続税の相談事例　Q63

Q63

「資本政策とは？」

私は小さな建設会社を経営していますが，そろそろ会社の経営権を息子に委譲して経営の第一線から引退したいと考えています。そのことを取引銀行に相談したところ，事業承継に精通した税理士と会社の資本政策について一度話し合った方がいいと言われました。資本政策というのは聞きなれない言葉ですが，どういう内容なのか説明してください。

A　資本政策とは，一般に，法人の資本金額や株主構成，発行する株式の種類等，資本調達と資本構成の総合的な計画のことを指します。資本政策は，非上場企業が株式を公開するとき，公開を担当する証券会社と企業との間でこれを巡り話し合われる場合に特にクローズアップされますが，株式の公開を予定していない非上場企業の場合にも，事業承継を検討する際には，これをどうするのかが非常に重要になります。

(1) 資本政策の意義

事業承継対策における資本政策の目的は，円滑に後継者に対して経営権を委譲することにあります。相続人が複数いるにもかかわらず事業承継対策が全く行われない場合，被相続人が経営していた会社の株式が相続人間で法定相続割合により共有となり，相続人間で意見が対立したときには，経営の重要な意思決定に支障を来たす事態が想定されます。そのような事態を回避するため，後継者に自社株の全部又は大半を相続させたり，議決権を集中させるような工夫を行うといったことが，資本政策の主要な眼目となるでしょう。

ここでご注意いただきたいのは，節税策を資本政策より優先させてはならないということです。例えば，よく税理士からオーナー経営者に，「株価の安い今のうちにお子さんやお孫さんに自社株を移転させましょう」という提案がな

179

されることがあります。これは節税という観点からは妥当なアドバイスですが、資本政策という観点からは注意が必要です。特に、後継者と決めている相続人以外の者に自社株を移転させることは、将来、その後継者が後を継ぎ実際に経営を行うときに、大きな障害となりかねません。自社株（なかでも議決権）の分散は、極力させるべきだというのが、事業承継に関し節税よりも優先させるべき至上命題と言えます。

(2) 会社の支配と議決権

　相続財産の構成上、後継者となる相続人が1人で自社株を相続することが困難なケースも少なくないでしょう。そのような場合には、会社の支配権を確保できるような議決権を後継者に渡せるよう、発行済株式における議決権の構成とその割合を見直す必要があるでしょう。

　一般に、会社の安定的な支配に必要な議決権の割合は3分の2以上とされます。これは、会社にとって重要な、定款変更、事業譲渡、解散、組織変更、合併、会社分割、株式交換、株式移転、減資、第三者割当増資といった項目に関し、株主総会*における特別決議に必要な割合を指しています。

（注）　議決権を行使することのできる株主のうち過半数の議決権を有する株主が出席する必要があります。

(3) 会 社 分 割

　兄弟で事業を引き継ぐなど、後継者が複数いる場合、兄が製造部門、弟が販売部門というように、今ある会社を事業ごとに分割する（会社分割）という方法も検討に値します。

　なお、不採算事業の切り離し等、会社分割は株価対策にも活用できますので、事業承継対策にあたっては顧問の税理士と相談されることをお勧めします。

Q64

「経営承継円滑化法とは？」

　私は地元の高校卒業後東京の大学に入学し，そのまま東京に本社のある商社に勤めるサラリーマンです。田舎にはスーパーマーケットを経営する父親と母親，地元の市役所に勤める妹が住んでいますが，ゆくゆくは私も田舎に戻ってスーパーマーケットを継ぐ必要があると考えています。仕事上付き合いのある経営者から，最近経営承継円滑化法が導入されて，事業承継がやりやすくなったと聞きましたが，経営承継円滑化法の内容について教えてください。

A　中小企業における経営の承継の円滑化に関する法律（経営承継円滑化法）は，平成20年10月に施行されました（遺留分に関する民法の特例規定は平成21年3月から施行）。経営承継円滑化法は，①遺留分に関する民法の特例，②金融支援，③非上場株式等に係る相続税及び贈与税の納税猶予制度の創設の三項目から構成されています。このうち，①と③について概観してみましょう。

(1) 遺留分に関する民法の特例

　事業承継に関し，かねてから問題とされていたのは，相続に伴う株式や事業用資産の分散でした。すなわち，後継者以外の相続人に認められた遺留分の権利行使により，後継者に株式や事業用資産を集中させることが困難になり，それが後継者による安定した経営権の確保を脅かすこととなるケースが少なくありませんでした。そこで，事業の後継者に自社株式や事業用資産を円滑に承継させるため，一定の要件を満たす後継者が他の相続人である遺留分権利者全員との合意を行うこと及び経済産業大臣の確認，家庭裁判所の許可を得ることにより，次のような遺留分に関する民法の特例措置の適用を受けることが可能となりました。

① 生前贈与された株式等を遺留分から除外する合意(除外合意)

推定相続人が全員で,被相続人(旧代表者)から後継者に対して生前贈与された株式等について,遺留分を算定する基礎財産から除外する旨の合意をすることです。

② 生前贈与された株式等の評価額を予め固定する合意(固定合意)

遺留分の価額の算定に際し,株式の評価額を一定時点での額に予め固定する旨の合意を行うことにより,後継者の貢献による贈与後の株式価値上昇分が遺留分減殺請求の対象外となる効果があります。

(2) 非上場株式等に係る贈与税の納税猶予制度

推定相続人である後継者が,贈与により経済産業大臣の確認を受けた非上場会社の株式等を先代経営者である被相続人から取得し,その後その会社を経営していく場合には,その後継者が当該株式等の贈与を受けたことにより本来支払うべき贈与税額のうち,その株式等に係る贈与税額の納税が猶予されます(措法70の7)。

なお,納税猶予の対象となる株式数は,贈与後の後継者の持株割合が発行済株式数の3分の2に達するまでとされています。

(3) 非上場株式等に係る相続税の納税猶予制度

後継者である相続人等(経営承継相続人等)が,非上場会社を経営していた先代経営者である被相続人から相続又は遺贈により当該会社の株式等を取得し,その会社を経営していく場合には,その後継者が納付すべき相続税額のうち,取得したその会社の発行済完全議決権株式等に係る取得株式等の課税価格の80%に対応する相続税の納税を,その後継者の死亡等の日まで猶予するとしています(措法70の7の2)。

なお,納税猶予の対象となる株式数は,既に相続開始前から保有していた完全議決権株式等を含めその会社の発行済完全議決権株式の総数等の3分の2に達するまでとされています。

Q65

「非上場株式等に係る相続税及び贈与税の納税猶予制度を利用する際留意すべき事項は？」

前問で，中小企業には相続税及び贈与税に関し有利な税制の適用があることを知りました。それでは，当該税制の適用を受けるに当たり留意すべき事項を教えてください。

A 本税制は事業承継に有利な取り扱いとなっていますが，適用要件等が厳格に定められていますので，その要件をきちんと満たすよう留意すべきでしょう。仮に要件を満たさなくなった場合には，猶予されている税額と利子税とを併せて納付しなければなりません。適用要件が厳格で意外と使い勝手の悪い本制度ですので，節税だからと言って安易に飛びつくのは禁物で，事前に十分検討すべきであると思います。

(1) 資産管理会社の適用除外

納税猶予制度の対象となる中小企業のうち，資産管理会社は原則として経済産業大臣の認定を受けられないこととなっています。ここでいう資産管理会社とは，以下のような会社を指します（措法70の7の2②一ロ）。

① **資産保有型会社**

資産保有型会社とは，総資産に占める特定資産の割合が70％以上の会社を指します。ここでいう「特定資産」とは，有価証券（実質的な子会社株式を除く），不動産（自社使用不動産を除く），現預金等，ゴルフ場等の施設利用権，貴金属等を指します。

② **資産運用型会社**

資産運用型会社とは，総収入金額に占める特定資産の運用収入の合計額の割合が75％以上の会社を指します。

ただし，形式的には上記①②に該当する会社であっても，事務所等の所有・賃貸，常時使用する従業員数5人以上，3年以上の事業継続といった要件を満たすような事業実態がある場合には，資産管理会社に該当しないものとみなされます。

なお，経営承継期間（原則として相続税の申告書提出期限の翌日から5年経過する日まで）経過後においても，免除規定に該当するまでに，承継会社の業態変更等により上記①又は②に該当するような場合には，納税猶予は打ち切りとなりますので注意が必要です。

(2) 担保の提供

当該制度により相続税又は贈与税の納税猶予の適用を受けようとする場合には，納税猶予の税額及び利子税額に見合う財産を担保として提供しなければなりません。しかし，納税猶予の対象となる特例非上場株式等の全部を担保として提供する場合には，非上場株式の価額の合計額が納税猶予の税額に満たないときであっても，必要担保額に見合う担保提供があったものとみなされます。

(3) 経営承継期間における筆頭株主要件の維持

例えば，経営承継期間において他の同族株主に相続が発生し，その株式を相続した経営承継相続人等以外の相続人が承継会社の筆頭株主となった場合には，納税猶予は打ち切りとなりますので注意が必要です。

(4) 事業継続要件

経営承継期間については，毎年一回経済産業大臣に報告をし，また，税務署長に届出を提出しなければなりません。報告対象となる事業継続要件とは具体的に，①代表者，②雇用の8割を維持，③対象株式の継続保有，④適用対象外会社に非該当の事実を指します。経済情勢の厳しい折，②の要件を継続して満たすことは意外に高いハードルとなっていますので，ご注意ください。

Q66

「資産管理会社は必要か？」

上場企業でも株主名簿を見るとその上位にオーナー一族の資産管理会社と思しき会社名がよく出てきます。これは，創業社長のような富裕層にとって，資産管理会社を設立しそこに自社株や不動産等を集中させるのは半ば常識であることを示しているように思うのですが，いかがでしょうか？

A 今後税制がどう変わっていくのか必ずしも明確ではありませんが，長期的視野に立つと，税務上一般に，一定額以上の資産を保有する場合には，個人で資産運用するよりも資産管理会社を設立し法人で運用する方が有利といえます。

(1) 資産管理会社とは

資産管理会社とは，富裕層の個人資産を管理・運用するため設立された法人をいいます。わが国における富裕層の保有する財産の中身を見てみると，その過半数が不動産であると言われており，不動産管理会社としての性格が色濃い資産管理会社が多数見られます。

富裕層が自らの資産を個人のままで管理・運用せず，資産管理会社を設立する理由は，専ら税務上のメリットを享受するためとされています。また，相続人が複数いる場合，相続人それぞれの支配権確保の観点から，複数の資産管理会社を設立するケースも見られます。

(2) 資産管理会社を設立するメリット
① 個人資産の果実に係る合法的な所得移転

資産運用から生じる果実（利子・配当・地代家賃等）は，個人資産のままでは

所得税の累進課税の対象となりますが，法人の資産とすることで，役員給与の支給等により子や孫などに所得を分散させることができます。所得分散の効果は，現行税制では定率の分離課税となっている利子・配当といった金融所得よりも，総合課税で累進課税の地代家賃等の不動産所得・事業所得の方がより大きいと言えます。

　また，給与を受ける側も概算経費控除制度として比較的有利な給与所得控除＊の適用が受けられます。ただし，業務に見合わない高額の給与の支払いは過大役員（使用人）給与とされ資産管理会社において損金不算入となるので，注意が必要です（法法34②，36）。

　（注）　この給与所得控除（法人レベルと個人レベルでの二重控除）を問題視して導入された特殊支配同族会社の業務主宰役員給与の損金不算入制度は，平成22年度の税制改正で一旦廃止されました。ただし，平成23年度の税制改正でこの問題について抜本的措置が講じられることとされています。

② 相続税対策

　資産管理会社の出資者を子や孫などにしておけば，資産管理会社に移転した資産に関しその出資分に応じた部分について相続税の課税対象から外すことが可能となります。また，資産運用の結果増加する資産の評価額増額部分についても，その出資分に応じた部分について相続税の課税対象から外すことが可能となります。また，相続発生まで十分な時間があれば，自社株の評価額切り下げのための対策も可能となります。

　さらに，資産管理会社から子や孫に支払う給与は，将来相続が発生したときの相続税納税資金に充当することも可能です。

③ 損益通算と欠損の繰越控除

　個人の場合，不動産や株式の譲渡所得は分離課税であるため他の所得との損益通算ができませんが，法人の場合そのような規制がなく，すべての収益と費用とが通算できるというのも大きなメリットです。

　さらに，青色申告の場合，欠損金の繰越が個人は3年間であるのに対し，法人は7年間可能であるというのも，長期的な運用を考えると見逃せないメリットと言えます。

④ 費用の経費化

生命保険料（個人の生命保険料控除は5万円であるのに対し，法人は全額損金算入）等，法人の方が一般に個人よりも経費（損金）となる費用の範囲が広いと言えます。

(3) 資産管理会社を設立するデメリット
① 設立・維持管理コストの負担

資産管理会社を株式会社形態とするか合同会社形態とするかはともかく，個人が直接管理・運用するケースと比較して，設立にあたり資本金や登記費用等が，維持するにあたり社会保険料負担や税理士費用等が余分にかかってきます。

② 設立時の課税

多額の含み益を抱えている資産（土地など）は，現物出資にしろ法人が現金で買い取るにしろ，その時点で当該含み益に関し保有者に対して譲渡益課税がなされます。

当該課税を回避するには，例えば，高収益の賃貸ビルの場合，建物のみ法人が時価で買い取り，土地については賃貸借契約を結び，「土地の無償返還に関する届出書」を税務署に提出するという方法があります。

③ 非上場株式等に係る相続税・贈与税の納税猶予制度の適用

Q65で説明しましたが，資産保有型会社又は資産運用型会社に該当する場合，非上場株式等に係る相続税・贈与税の納税猶予制度の適用は受けられません。通常の資産運用会社が当該税制の適用を受けることは非常に困難であると考えられます。

④ 資産運用に係る人材面等の問題

資産運用にはある程度の専門的知識が必要となってきます。例えば不動産に関しては，少子高齢化の進行に伴い今後空室リスクが高まることが予想され，的確に対応しないと不良債権化の恐れも出てきます。したがって，資産運用会社の運営に当たっては，財産管理を引き継ぐ親族にもそれ相応の覚悟と自覚が必要になってきます。

また，運用を外部に任せる場合も，ア）誰に任せるのか，イ）そのコスト負担による運用利回りの低下，という点が重要になってきます。

(4) 資産管理会社を設立する税務上の目安

個人で運用するか法人化するかの税務上の判断基準は，所得税と法人税の税率差が一つの目安となるでしょう。すなわち，現在資本金額1億円以下の中小企業の軽減税率は18％（所得金額800万円以下の実効税率は約26.5％*）であり，個人の課税所得695万円超（税率23％）と900万円超（税率33％）の中間あたりの水準となりますので，そのあたりが法人化を検討する際の基準となるでしょう。

(注) 実効税率は次の算式により計算されます。

$$法人実効税率 = \frac{法人税率＋（法人税率×住民税率）＋事業税率}{1＋事業税率}$$

なお，住民税率と事業税率は標準税率により計算しています。

Ⅲ ケース別 相続実務と相続税の相談事例 Q67

Q67

「節税対策としてアパート建設は必須？」

　私は定年間近のサラリーマンです。私自身の稼ぎで築いた財産は高が知れていますが，20年ほど前に相続した土地（更地）のそばに新たに鉄道の駅が建設されたことから，地価が相続時よりもかなり値上がりしています。そのため，最近ハウスメーカーから相続税対策のためそこにアパートを建設したらどうかと盛んに勧められています。何分資産運用に関しては素人なものですから，どうしたらいいのか皆目見当がつかないので，基本的なことから教えてください。

　A　不動産は更地のままでは固定資産税等の負担ばかりで何も収益を生み出さず，いわば負債という性格が前面に出ますが，有効活用することにより真の意味での「資産」になります。その方法の一つが更地へのアパート建設といえます。アパート建設の意義と留意点について以下で見ていきましょう。

(1) アパート建設の意義

　近くに駅が造られ利便性が高まると，不動産の価格が上がり，それとともに路線価及び固定資産税の評価額も上昇します。その結果，固定資産税の負担が上昇するとともに，将来の相続税負担も考慮しなければならなくなります。そのような税負担の悩みを解決する手段として，アパート・マンション建設等の不動産の有効活用という方法があります。

(2) アパート建設と相続税対策

　アパート建設は，一般に相続税対策としても有効であるとされています。それは，更地の上にアパートを建設すると，相続税の評価上，当該敷地の利用区

189

分が自用地から貸家建付地に変わり，自用地の場合よりも20～30％程度評価額を引き下げることが可能になることがその主たる理由です。貸家建付地の評価は以下の算式によります。

○ **貸家建付地の評価（評基通26）**

> 自用地評価額×（１－借地権割合×借家権割合×賃貸割合）

　また，アパート（建物）の評価額は固定資産税評価額となりますが，固定資産税評価額は一般に建物の建築価額の５割強であること，さらに貸家の評価額は下記のとおり減額されるため，建築価額の40％程度まで圧縮されることとなります。建設費を手元現金で賄うにしろ借入金によるにしろ，アパート建設による相続税評価額の圧縮効果は大きいと言えましょう。

○ **貸家の評価額（評基通93）**

> 自用家屋の評価額×（１－借家権割合×賃貸割合）

(3) アパート建設の留意点

① 空室リスク

　前間でも触れましたが，少子高齢化の進行に伴い今後アパートの空室リスクが高まることが予想され，思うような収益が上げられない可能性があります。したがって，アパート建設予定地がアパート経営に適した土地であるのか十分検討するとともに，収益率の予想を保守的に見積もることも必要となるでしょう。

② 広大地評価の不適用

　アパート建設予定地の面積が1,000㎡を超える等の場合には，税務上「広大地」に該当し，評価減を受けられる可能性があります（評基通24－４）。しかし，アパートを建設した場合には，広大地の評価減の適用はありません。

③ 消費税還付の制限

　住宅家賃の場合，消費税は非課税ですので，アパートの建設に係る消費税は，

個別対応方式では仕入税額控除を受けられず，消費税の還付も受けられないこととなります。一方，原則課税方式かつ一括比例配分方式を採用した場合，駐車場等の課税売上がある場合には，課税売上に対応する消費税額を控除できるため，アパートの建設に係る消費税額の一部につき還付を受けられる余地があります。

ところが，自動販売機等を設置し課税売上を人為的に創出する租税回避スキームが問題となり，平成22年度の税制改正で，以下の措置が講じられました。

ア．原則課税適用期間において調整対象固定資産（棚卸資産以外の資産で100万円（税抜き）以上のもの）を取得した事業者には，事業者免税点（免税事業者になること）の適用はない。

イ．調整対象固定資産を取得した事業者は，次の（ⅰ）又は（ⅱ）に掲げる期間中にその取得をした場合，その取得があった課税期間を含む3年間は課税事業者となる。

（ⅰ）　課税事業者を選択した者は，その選択により課税事業者となる強制適用期間の2年間

（ⅱ）　資本金1,000万円以上の新設法人の課税事業者とされる設立当初の2年間

ウ．課税事業者を選択した事業者で上記ア．又はイ．の適用を受ける者は，その課税期間中は簡易課税の適用を受けることはできない。

この改正により，アパート建設による消費税の還付を受けたとしても，その2年後に調整対象固定資産に係る仕入税額控除の調整により還付税額の納付が生じることとなり，スキームが事実上成り立たないことになりました。したがって，アパート建設による消費税の還付はかなり困難となりましたので，還付を検討される方は，事前に税理士とよく相談されることをお勧めします。

Q68

「借入金は節税対策になる？」

最近信託銀行で行われた遺言信託のセミナーで，相続税の節税対策として，借入金が非常に有効であると講師の税理士が話していました。その理由について講師の説明だけではよく分からなかったのですが，個人的には過去に借金で苦い経験があるもので，できるだけしたくないと考えています。借入金が相続税の節税対策になる理由を教えてください。

A 中小企業の経営者の多くは，過去に銀行の貸し渋り等の経験から，借入金に苦い経験があるものと聞きます。したがって，借入金が本当に相続税対策になるのかどうか，ご自分なりによく理解してから実行すべきでしょう。

(1) 借入金の税務上の取扱い

相続税の課税価格の計算上，債務は控除されます。ここでいう債務とは，被相続人の債務で相続開始の日において現に存するもののうち相続人（居住無制限納税義務者及び非居住無制限納税義務者）の負担に属する部分の金額をいいます。借入金も原則として債務控除の対象となります（団体信用生命保険付の借入金の取扱いについては，Q48 参照）。

(2) 借入金の効果

前問でみたように，アパート建設のように不動産を活用した相続税対策において，借入金が特に有効となります。何故なら，借入金によって取得した財産（建物）は，実際に遺した財産の価額（時価）よりも低い評価額で相続税の課税価格の計算がなされるためです。下記設例でその効果を見てみましょう。

Ⅲ ケース別 相続実務と相続税の相談事例 Q68

【設 例】
- 財産の内訳：アパート用敷地500㎡（現在更地で広大地に該当せず，路線価40万円），現金預金5,000万円，その他の財産10,000万円
- 借地権割合60％，借家権割合30％，賃貸割合100％
- アパート建設費用：10,000万円（頭金5,000万円は現金預金を充当・固定資産税評価額6,000万円）
- 借　入　金：5,000万円（団体信用生命保険未加入）

○ アパート建設の有無による相続財産評価額の変動

	アパート建設あり	アパート建設なし
土　　　　　地	16,400万円	20,000万円
建　　　　　物	4,200万円	－
現　金　預　金	－	5,000万円
借　入　金	△ 5,000万円	－
その他の財産	10,000万円	10,000万円
合　　　　　計	25,600万円	35,000万円

上記評価額の差額は，土地の減額分（3,600万円）及び建物の減額分（5,800万円）の合計額（9,400万円）となります。

(3) 借入金承継の際の留意点

不動産を活用した相続税対策においては，一般に借入金は有効なツールとなりますが，相続に際して留意すべき点があります。それは，アパート及びその敷地を取得する相続人が借入金をもひも付きで相続するということです*。そうしないと，相続人間の相続税負担にアンバランスが生じたり，相続後のアパート経営に係る所得税の申告において，借入金利子の必要経費性が否認されたりすることとなります。

(注) 相続人の資産等の状況により，債権者である金融機関の同意が得られない場合もあります。

また，遺言で借入金債務の負担者が明記されていない場合，民法上，借入金債務は一旦法定相続分で相続することとなりますので，遺言でその負担者を明記することが望ましいと言えるでしょう。

Q69

「豪華な社葬は税務上損金に算入される？」

　私はある中小企業の総務部長をしております。先日創業者である前社長が亡くなり，社葬を執り行いました。社葬は後継者である長男（現社長）のお披露目の場という色彩も帯びていたため，高名な僧侶を招き，参列者も1,000名を超える大掛かりなものとなりました。葬儀は本来私的なものですが，社葬の費用は全額会社が負担しています。それに対し，経理部長から「全額損金処理できるのか？」という疑問を呈されました。このような場合，当該社葬の費用は全額損金算入されるものなのでしょうか？

A　高度成長期以降バブル崩壊まで，社葬を盛大に執り行うケースはよく見られましたが，近年は経済情勢の悪化から，豪華な社葬は影を潜めているようです。ただし，豪華であるからと言って直ちに損金性が否認されるというものでもありません。

(1) 社葬費用の取扱い

　法人税法上は一般に，故人である前社長の経歴，地位，法人の規模からみて社葬を行うことが社会通念上相当であると認められる事情があるときには，その要した費用のうち社葬のために通常要する金額について，その法人の福利厚生費等として損金に算入することができます（法基通9－7－19）。ただし，前社長の遺族が負担すべき費用，例えば密葬の費用，法要の費用，香典返礼費用等は，ここでいう「社葬のために通常要する金額」には含まれません。
　また，仮に「社葬のために通常要する金額」を超える部分の金額が生じた場合には，当該金額は故人の遺族に対する贈与（受けた側は一時所得）ないし賞与（遺族が会社の役員である場合）と取り扱われるものと考えられます。本件葬儀が通常の社葬の範囲を超えた現社長のお披露目としての性格が強いようなもので

ある場合には，現社長に対する賞与とみなされる可能性があります。

(2) 香典等の取扱い

香典の収入ですが，社葬が損金に算入されるのであれば益金に算入されるのが通常と考えられます。しかし，香典というものが一般に遺族に対する弔慰を示すものとして故人の霊前にささげるものとされているため，遺族の収入とすることも認められています（法基通9－7－19（注））。

なお，遺族の収入とした場合，当該香典の額がその故人の社会的地位，故人と会葬者（葬儀への参列者）との関係等に照らして社会通念上相当と認められる場合には，遺族に対し所得税は課税されません（所基通9－23）。

Q70

「過去に事業用資産の買換えの特例の適用を受けた場合の留意点は？」

私は亡き父から印刷工場を継いで経営しています。ところが，昨今の出版事情から，印刷工場の経営状態が悪化し，倉庫として使用していた土地を手放して事業用資金に回そうと考えています。当該土地を売却するため過去の資料整理していたところ，父の所得税の申告書の控えが出てきて，この土地を購入した際，事業用資産の買換えの特例の適用を受けていることが判明しました。今回の土地の売却の際，過去に受けた当該特例はどう影響するのでしょうか？

A 過去に事業用資産の買換えの特例を受けた買換資産を譲渡した場合，当該譲渡について譲渡所得の計算をしなければなりません。相続等で当該資産を取得した場合，過去の経緯が不明な場合が多いので，注意が必要です。

(1) 事業用資産の買換えの特例

事業用資産の買換えの特例の適用を受けると，譲渡収入の金額は，実際の譲渡価額から買換資産の取得価額を控除した残額に圧縮され，また，買換取得資産の取得価額は，譲渡資産の取得価額を引き継ぐことにより，課税の繰り延べがなされます（措法37）。譲渡所得の金額は以下の区分に応じて計算されます（措法37の3①，措令25の2）。

① 買換資産の取得価額＜譲渡資産の譲渡価額の場合

$$\{(譲渡資産の譲渡価額A)-(買換資産の取得価額B)\times\frac{80}{100}\}$$

$$-\{(譲渡資産の取得費+譲渡費用)\times\frac{A-B\times\frac{80}{100}}{A}\}$$

② 買換資産の取得価額≧譲渡資産の譲渡価額の場合

$$(譲渡資産の譲渡価額)\times\frac{20}{100}-(譲渡資産の取得費+譲渡費用)\times\frac{20}{100}$$

なお，当該特例の適用を受けた場合，譲渡資産の取得日はその資産を実際に取得した日となります。

(2) 相続により取得した場合の留意点

相続で当該資産を取得した場合，過去の経緯が不明な場合が多いので，注意が必要です。以下の設例で具体的に見ていきます。

【設 例】
- 昭和63年に父が5,000万円で取得した土地を平成18年に8,000万円で譲渡
- 特定の事業用資産の買換えの特例の適用を受け同額で別の土地を取得
 （面積はほぼ同じ）
- 平成20年に父の相続が発生し，息子が当該土地を含む事業用資産を取得
- 平成22年に当該土地を7,000万円で譲渡
- 譲渡費用はないものとする

---

① 平成18年の譲渡時に買換資産に引き継がれた取得費

$$5,000万円\times\frac{8,000万円\times80\%}{8,000万円}+8,000万円\times20\%=5,600万円$$

ちなみに，このときの譲渡所得は，8,000万円×20％－5,000万円×20％＝600万円と計算され，本来の譲渡所得（3,000万円）のうち2,400万円分の課税が繰り延べられています。

② 平成22年の譲渡時の譲渡所得

$$7,000万円-5,600万円=1,400万円$$

さらに，この特例を受けた場合，譲渡資産の取得日はその資産を実際に取得した日（平成18年）となりますので，当該譲渡所得は短期譲渡所得（税率は国税30％・地方税9％）となります。

仮に買換え特例の適用を受けていたことを知らずにいた場合，8,000万円で取得した土地を7,000万円で譲渡したため譲渡損（1,000万円）が生じたとして，誤った申告を行う可能性がありますので，十分ご留意ください。

Q71

「事業承継対策として相続時精算課税制度を利用する際の留意点は？」

息子への事業承継に関し，生前贈与を活用したいと考えており，そのために相続時精算課税制度の適用を受けたいと考えています。その際留意すべき点がありましたら教えてください。

A Q25で説明しましたとおり，生前贈与を促進するために導入された相続時精算課税制度は，事業承継対策としても有効な場合があります。ただし，いくつか留意点もありますので，以下で見ていきましょう。

(1) 後継者が先に亡くなったときの二重課税の問題

事業承継対策として相続時精算課税制度の適用を受けた場合の最大のリスクは，後継者が贈与者よりも先に亡くなると，かえって税負担が重くなるということです。すなわち，贈与者（特定贈与者）の死亡以前に後継者が死亡した場合には，その者の相続人（包括受遺者を含む）は当該制度に係る納税の権利・義務を承継します。その結果，生前贈与した部分について二重に課税されることとなります。

(2) 暦年課税への復帰ができない

相続時精算課税を選択した以後は，暦年課税（年110万円の基礎控除額）の適用を受けることはできません。また，相続時精算課税を選択した以後の贈与は，相続発生時にすべて相続財産に加算されます。さらに，当該制度を利用して生前贈与した額は，相続時に相続財産に加算されますので，相続税が課される者にとっては，当該贈与額は実質的には納税の繰り延べという効果があるに過ぎないともいえます。

したがって，将来遺す財産の額（相続時精算課税制度による生前贈与額を含む）が相続税の基礎控除額を確実に上回ると想定される資産家の方は，相続時精算課税制度の適用が本当に有利であるか，十分検討してから実行すべきと言えます。

(3) 贈与財産が相続時に滅失等した場合でも相続税の課税対象となる

民法上は，生前贈与された財産が，地震など受贈者の故意過失によらないで滅失した場合には，当該滅失した部分は持戻し（相続財産に計算上戻すこと）の対象とはならず，初めから贈与がなかったものと解されています。

ところが，相続税法上，相続時精算課税により贈与を受けた財産は贈与時の時価により相続財産に加算されます。この規定は，地震など受贈者の故意過失によらないで滅失した場合であっても適用されます。そのため，現に存しない財産についても相続税を負担しなければならなくなる可能性があります。

Q72

「事業承継対策として医療法人化する必要はあるか？」

平成19年4月以降に施行されたいわゆる「第五次医療法改正」で，持分の定めのある社団医療法人の設立ができなくなったため，既存の個人立の診療所を医療法人化する税務上のメリットはもはやないのではと考えています。事業承継や相続税対策の観点から，もし医療法人化のメリットがあれば教えてください。

A おっしゃる通り，平成19年4月以降は持分の定めのある社団医療法人の新規設立はできなくなり，医療法人化に伴う税務上のメリットは大幅に減殺されました。それでは，事業承継や相続税対策の観点から，新法の下で医療法人化するメリットは何もないかと言うと，そうでもありません。事業承継や相続税対策の観点から，医療法人化のメリットとデメリットを以下で見てみましょう。

(1) メリット
① 理事長退任時に退職金の支給が可能

診療所・病院の経営が順調である場合，課税済みの剰余金が溜まっているケースが多く見受けられます。法人化による税率差を利用した節税を行っていても，最終的に理事長に剰余金が分配された段階で多額の課税があっては，意味がありません。その点，退職金による剰余金の分配は，退職所得に関する有利な取り扱いを受けられるため，法人化の重要なメリットといえましょう。

ただし，過大役員退職給与の問題（ Q75 参照）については，十分ご留意ください。さらに，退職金の支払いに充てる現金を用意しなければなりませんので，前もって資金繰りに留意する必要があるでしょう。

② 相続税負担の悩みから解放される

新法下で設立される医療法人の大部分は基金拠出型医療法人だと考えられます。当該法人の場合，基金拠出者の有する債権（基金返還債権）は相続税の課税対象財産となるものの，その評価額は基金として拠出された金額が限度となります。そのため，経過措置型医療法人のように多額の含み益に対する相続税負担を気にする必要がなくなります。

③ 法人格は承継前後で維持されたまま

個人立の診療所の場合，現在の院長と後継者とは別人格ですので，現在の院長が亡くなった場合，その診療所はいったん消滅するため，診療所をそのまま承継する場合であっても，各種手続きをやり直す必要があります。一方，法人の場合，法人格は維持されたままですので，手続きについても，役員の変更等の手続きは必要ですが，その範囲は限定されます。

(2) デメリット

① 法人化に伴う管理コストの上昇・都道府県の監督の強化

法人化に伴い，法人設立コストや税理士コスト（一般に法人の方が個人よりも報酬が高くなる）といった管理コストの上昇，都道府県による監督の強化といった点が大きなデメリットとして挙げられます。将来にわたり収益性の向上が見込めないのであれば，法人化をあえて回避するというのも賢明な選択といえましょう。

② 第五次医療法改正以降設立医療法人の剰余金分配規制

従来の持分の定めのある社団医療法人（経過措置型医療法人）の場合，社員である理事長の退任時に，退職金のみならず留保利益である剰余金の返還を受けることができました。ところが，第五次医療法改正以降設立の持分の定めのない医療法人は，剰余金の返還を受けることができなくなりました*。病医院の経営が好調で多額の剰余金が留保されている場合，退職金だけでこれを回収することは困難なケースがあります。

（注）　ただし，基金拠出型医療法人の場合，当初拠出した額を限度として基金が返還

されます。

　経過措置型医療法人であれば，持分の譲渡により剰余金を回収するという方法も採れましたが，持分の定めのない医療法人の場合，対価の支払い方法に制約があります（退職金の支払いに上乗せを行う等）ので，機動的なＭ＆Ａを行いにくいという点も留意すべきでしょう。

　③　非上場株式等の相続税・贈与税の納税猶予制度の適用不可

　　Q74を参照のこと。

Q73

「相続人に医師がいない場合の事業承継は？」

　主人は昨年還暦を迎えた社団医療法人の理事長で、自宅の一階を診療所にして内科及び小児科の診察を行っていました。ところが、先月診察中に脳梗塞で倒れ、そのまま帰らぬ人となりました。あまりに突然のことで、理事とはいえ医師でない妻の私には、今後診療所をどうすればいいのか、皆目見当がつきません。今は主人の大学の後輩が代診に応じてくれていますが、できるだけ近いうちに現在医学部に在学中の息子に後を継がせたいと考えています。それまでどうすればよろしいでしょうか？

A　突然のご不幸に見舞われ、さぞやお力落としのこととお察し致します。今は幸いにも亡くなったご主人の後輩に診療を手伝っていただけるとのことですが、いつまでもその好意に甘えるわけにもいかないでしょう。そこで、息子さんにバトンタッチするまでの道筋を考えてみたいと思います。

(1) 理事長の選任

　理事長が欠けたとき、定款の定めるところにより、一時的に他の理事がその職務を代理し、速やかに新理事長を選任することになります。医療法人の理事長は原則として医師が就任しますが、都道府県知事の認可を受けた場合には、例外的に医師でない理事のうちから理事長を選任することができます（医療法46の3①ただし書）。この例外は、具体的には、今回のように理事長が急死し、後継者の息子さんが医学部を卒業し臨床研修等を受けるまでの期間、配偶者である奥さんが理事長に就任するケースなどが該当します（厚生労働省「医療法人運営管理指導要綱」）。

　したがって、まずは、息子さんが医学部を卒業し臨床研修等を受けるまでの期間、奥さんが理事長に就任するよう、準備を進めるのがよいでしょう。そし

て，しかるべきタイミングで，息子さんに理事長職を譲ることになるでしょう。

(2) 後継者がいない場合

息子さんが後を継ぐことを拒否するなど，仮に後継者がいない場合，廃院にするというのも選択肢の一つです。しかし，医療機関は地域にとってなくてはならない公器と捉えられる場合が多く，廃院にしたとき地域医療に大きな打撃を与えることも想定されるところです。

そのような場合，医療法人を第三者に譲渡することも視野に入れるべきでしょう。その際には，医療法人のM＆Aに精通した金融機関等の専門家に仲介を依頼することになるでしょう（医療法人のM＆AについてはQ77参照）。

Q74

「医療法人にも贈与税及び相続税の納税猶予制度の適用はある？」

Q64によれば，平成21年度の税制改正で，中小企業の事業承継対策の円滑化を狙った「非上場株式等の相続税・贈与税の納税猶予制度」が導入されたということです。わが医療法人も中小零細規模なので，当該税制の適用があると助かるのですが，医療法人にも贈与税及び相続税の納税猶予制度の適用はあるのでしょうか？

A 平成22年度の税制改正論議で，持分の定めのある医療法人への本税制の適用拡大が議論されましたが，残念ながら見送られました。

(1) 取引相場のない株式等の相続税・贈与税の納税猶予制度

Q64で説明しましたとおり，平成21年度の税制改正で，中小企業の事業承継対策の円滑化を企図した「非上場株式等の相続税・贈与税の納税猶予制度」が導入されました。これは，非上場株式の相続税評価額の80％に対応する相続税・贈与税額が猶予されるという画期的な制度なのですが，適用要件が厳しく適用を受けられる企業は意外に限定されると見込まれます。

(2) 医療法人への適用拡大は不可

ところで，医療法人への適用ですが，残念ながら持分の定めのある医療法人（経過措置型医療法人）の出資には，本制度の適用はありません。

平成22年度の税制改正の議論において，厚生労働省の要望に基づき，医療法人への当該制度の適用について検討されましたが，結局実現しませんでした。一般の中小企業（株式会社）と医療法人とを区別する理屈は必ずしも明確ではありませんが，政権の行方とともに今後の税制改正の動向が注目されます。

Q75 「医療法人の理事長に対する退職金の適正水準は？」

　私は社団医療法人の理事長です。私が15年前に設立した医療法人はお陰様で地域の皆様に支持していただき，業績はこれまで順調に推移しています。ただ，私も今年で古稀を迎え，理事長職を10年前から一緒に診療を行っている娘婿に譲りたいと考えています。理事長職を譲るにあたり，退職金規定に基づき退職金を受けるつもりです。できるだけ多くいただきたいのは山々ですが，その一方で，余計な税金がかかってしまっては意味がありません。税務上問題のない退職金の基準と言うものがあれば教えてください。

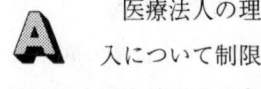

A 　医療法人の理事長に対する退職金の支給については，税務上損金算入について制限がありますので，キャッシュフローをも勘案してその適正な水準を検討すべきでしょう。

(1) 医療法人の留保利益の問題

　個人立の診療所の場合，税引後利益はすべて院長が自由に使用できます。したがって，留保利益の問題は生じ得ません。

　一方，医療法人の場合，原則として剰余金の分配はできません。現実問題として，医療法人を運営していくには，規模に見合った利益を出し続けることが必要になります。年々高度化していく医療機器を更新し，優秀な従業員を雇用していくためには，少しずつでも内部留保を厚くしていくことが求められるでしょう。すなわち，医療法人を健全に運営すればするほど，時間の経過とともに蓄積してゆく内部留保の問題に直面することになるわけです。

(2) 退職金による留保利益の回収と税法上の制約

　好業績の医療法人が蓄積した留保利益を回収する一つの有力な方法として，将来出資者である理事長が退任するときに退職金を支払うことが考えられます。税務上は，不相当に高額な部分を除き，役員退職金は損金に算入されます。理事長である医師の役員退職金の金額が適正であるかどうかは，税法上，以下のような点を勘案して判断されます（法法34②，法令70二）。

① 理事長がその法人の業務に従事した期間
② 退職の事情
③ 当該医療法人と同規模の医療法人の理事長に支給された退職給与の状況等

　これは，親族である役員や使用人への過大な給与の損金不算入（法法36）と同様に曖昧な基準で分かりにくいのですが，退職金に関する具体的な基準としては，一般に以下の「功績倍率方式」が使用されています。

役員退職金＝月額報酬×在任年数×功績倍率

　功績倍率は法人が任意に設定しますが，一般に，理事長の場合2倍から3倍，理事の場合1倍から2倍に設定しているケースが多いようです。この倍率が他の同規模の医療法人の理事長職の倍率の水準を超える場合，過大な役員退職給与であるとして，税務調査で問題とされる可能性があります。

　医療法人の場合，将来の理事長，理事への退職金支給を見据えて，予め役員退職金（退職慰労金）規定を制定しておくことが重要になります。また，当該規定制定の際には，税務上問題とならないか，顧問税理士に内容をチェックしてもらうとよいでしょう。

　なお，平成18年度の法人税法の改正で，退職金を含む役員給与の規定が大幅に改正されました。従来，役員退職給与の損金算入については「損金経理」が要件となっていましたが，改正後はこの損金経理の規定が撤廃されました。

(3) 退職所得の取扱い

ところで，退職金を受領した元理事長は，退職所得として所得税・住民税が課されますが，当該退職所得については以下のとおり退職所得控除が受けられ，課税上有利な取扱いとなっています（所法30②）。

$$退職所得の金額＝（収入金額－退職所得控除額*）×\frac{1}{2}×税率$$

(注) 勤続年数が20年以下の場合
　　　　　……40万円×勤続年数（金額が80万円に満たない場合には80万円）
　　勤続年数が20年を超える場合……70万円×（勤続年数－20年）＋800万円
　　なお，障害者になったことに直接起因して退職した場合は上記金額に100万円加算。

Ⅲ　ケース別　相続実務と相続税の相談事例　Q76

Q76

「出資持分ありの社団医療法人をこれから設立することは不可能？」

　持分の定めのある社団医療法人は，剰余金の配当に制限があるものの，出資者である社員の退社時に持分に応じた内部留保の払い戻しが受けられるため，実質的に剰余金配当が受けられることから，現在個人立の診療所を経営し医療法人化を検討している私にとって，魅力的な組織形態です。ところが，第五次医療法改正後，出資持分の定めのある社団医療法人の新規設立は不可能という話を聞きました。と言うことは，今後医療法人を設立した場合，従来の持分の定めのある社団医療法人のようなメリットを享受する余地はないものと考えなければならないのでしょうか？

A　おっしゃる通り，第五次医療法改正により，平成19年4月以降，出資持分の定めのある社団医療法人の新規設立はできなくなりました。

(1)　第五次医療法改正の背景

　第五次医療法改正（平成19年4月1日施行）の論議においては，規制改革を主張する勢力から株式会社の医療経営参入論が叫ばれました。これに対し厚生労働省は，剰余金の配当を行う営利企業（＝株式会社）に非営利が原則の医療を任せるわけにはいかない，と反論しました。ところが，当時の医療法人の実態を見てみると，約98％が「持分の定めのある」社団であり，この組織形態の場合，退社時の持分払い戻しや解散時の残余財産分配権があり，タイミングの制限があるとはいえ，実質的に剰余金の配当がなされることから，非営利といえるのか疑問を持つ向きもありました。

　そこで，厚生労働省は，持分の定めのある社団医療法人の新規設立を排除し，医療法人の非営利性の強化を図ることで，株式会社の医療経営参入論を封じ込めました。

(2) 代替的手段としてのM&A

したがって，平成19年4月以降，持分の定めのある社団医療法人の新規設立は不可能となりました。そのため，現在ある個人立診療所を今後法人化しても，その出資者である社員は退社時の持分払い戻しや解散時の残余財産分配権を行使することはできません。

ただし，代替的手段として，既存の持分の定めのある社団医療法人を買収し，当該法人の特性を利用することで，それと同等の効果を享受するという方法が考えられます＊。

(注) 既存の持分の定めのある社団医療法人は，第五次医療法改正で経過措置型医療法人に分類され，当分の間存続するものとされました。「当分の間」がいつまでを指すのか不明ですが，出資者の財産権の問題が絡みますので，「当面」存続が保証されると考えてよいでしょう。

買収の方法ですが，①出資持分の譲渡，又は，②売主が法人を退社し買収者が入社する方法のいずれかを選択することになるものと考えられます（**Q77**参照）。なお，①の場合には，売主は社員の資格を有したまま理事長を退任し理事に留まって業務を遂行することになるものと考えられます。

(3) 関係行政機関の認可等が必要

医療機関の事業譲渡には，法人の内部機関での意思決定のみならず，役員の変更に伴う届出や定款等の変更に伴う都道府県知事の認可が必要となります。

Ⅲ　ケース別　相続実務と相続税の相談事例　Q77

Q77

「医療法人のM＆Aを実行するうえで留意すべき事項は？」

　私は社団医療法人の理事長で，これまで30年以上にわたり地域医療の一端を担うべく頑張ってきました。残念ながら私には子供がなく，後継ぎもいないため，私が医療の現場を去るときには自分が設立した医療法人も解散しようと考えていました。ところが，隣接する市で診療所を開設する医師から「法人を買い取りたい」という申し出がありました。仮に法人を解散した場合，私の診療所の患者さんの行き先に頭を悩ませていたため，この話に乗ろうと考えていますが，医療法人のM＆Aなど経験もなければ聞いたこともないため，どう進めるのか不安です。医療法人のM＆Aを実行するうえで留意すべき事項を教えてください。

A　診療所は地域医療を担う重要な拠点ですので，その存廃が地域に与える影響は重大です。医療法人のM＆Aによりその拠点が存続するのであれば，それは地域住民にとって朗報と言えましょう。

(1)　医療法の規定

　医療法には医療法人のM＆Aについて特に規定はありません。したがって，以下の手続きは実務慣行によるものであることをお断りしておきます。

(2)　出資持分の譲渡

　お尋ねの社団医療法人における出資持分の譲渡及び経営権の移転手続きは，概ね以下のとおりになると思われます。

○ 出資持分譲渡の流れ

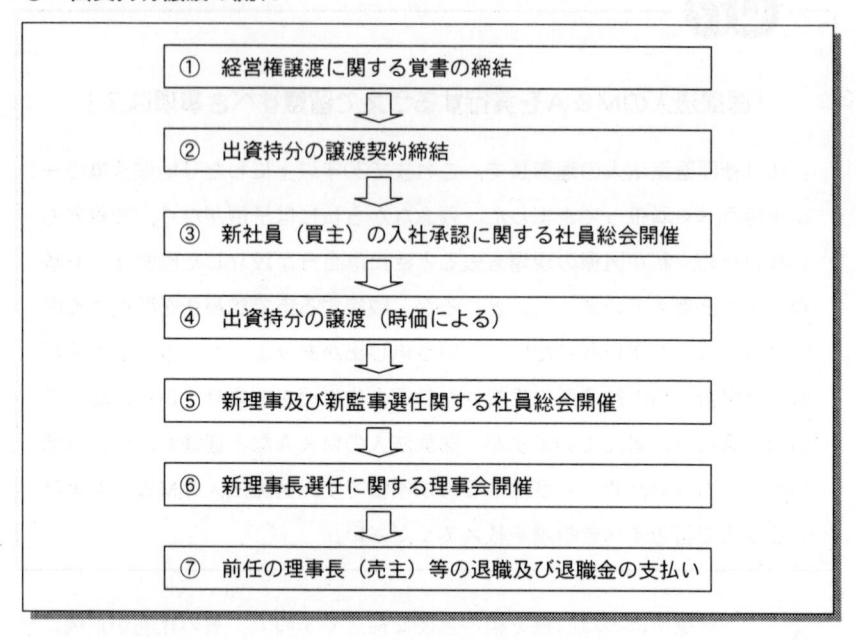

```
① 経営権譲渡に関する覚書の締結
         ↓
② 出資持分の譲渡契約締結
         ↓
③ 新社員（買主）の入社承認に関する社員総会開催
         ↓
④ 出資持分の譲渡（時価による）
         ↓
⑤ 新理事及び新監事選任関する社員総会開催
         ↓
⑥ 新理事長選任に関する理事会開催
         ↓
⑦ 前任の理事長（売主）等の退職及び退職金の支払い
```

(3) 出資持分の払戻しによる経営権の承継

　医療法人の経営権の承継には，出資持分の譲渡のほか，売主の退社及び買主の入社という手続きを踏み，退社した社員（前理事長）に出資持分の払戻しを行うという方法もあります。これは，定款に基づき，医療法人の出資持分を有する社員（売主）が退社し，買主が入社することで事業の承継を行い，併せて退社した売主が出資持分に関し払戻しを受けるというものです。なお，当該払い戻しにより受ける金額のうち，法人の留保利益相当分は配当所得（みなし配当）とされます（所法25）。

(4) いずれの方法を選択するか

　(2)の持分譲渡と(3)の払戻しの二つの方法を比較したのが次頁の表です。

○ 持分譲渡と払戻しとの比較

	持 分 譲 渡	払 戻 し
買収資金負担者	買　主	医療法人
売主(個人)の課税	譲渡所得（20％の申告分離課税）	配当所得＊（20％の源泉課税）
売主の地位	社員に留まる	退社する

（注）　みなし配当以外の部分は譲渡所得に係る収入金額とされます（措法37の10）。

　払戻しの場合，買収資金は医療法人が負担するのに対し，持分譲渡の場合は買主が調達しなければなりません。また，売主の課税方法も変わってきます。したがって，買収資金の調達方法や売主の課税のインパクトを事前によく検討して，いずれの方法が適切であるか結論を出すようにするとよいでしょう。

IV

相続税調査の実際と対応策

Q78

「相続税の調査はどのくらいの確率で受けるものか？」

相続税の調査は所得税や法人税の調査よりも受ける可能性が高いと言われていますが，どのくらいの確率で受けるものなのでしょうか？

A 国税庁の発表している統計によれば，個人所得税や法人税と比較して，相続税の実地調査割合はかなり高いと言えます。

(1) 実地調査に関する統計

○ 個人及び法人の実地調査件数と割合

		調査件数	納税者数	調査割合
個人	平成19事務年度	104,890件（実地調査） 826,657件（簡易調査含）	7,769,000人	1.35％（実地調査） 10.64％（簡易調査含）
	平成20事務年度	104,583件（実地調査） 732,829件（簡易調査含）	7,523,000人	1.39％（実地調査） 9.79％（簡易調査含）
法人	平成19事務年度	147,000件（実地調査）	2,809,000法人	5.23％
	平成20事務年度	146,000件（実地調査）	2,805,000法人	5.20％

(注) 平成19事務年度とは，平成19年7月1日～平成20年6月30日の期間を指す。平成20事務年度も同様。

○ 相続税の調査件数と割合

	調査件数	死亡者数*	申告件数*	課税割合*	調査割合*
平成19事務年度	13,845件	1,108,334人	46,820件	4.2％	29.57％
平成20事務年度	14,110件	1,142,467人	48,010件	4.2％	29.39％

(注1) 死亡者数及び申告件数の統計は暦年であるため事務年度と一致しない。
(注2) 課税割合は申告件数を死亡者数(被相続人数)で除した値である。
(注3) 調査割合は調査件数を申告件数で除した参考値である。

あくまで参考値ですが、申告件数の3割程度が調査の対象となっており、所得税や法人税とは一ケタ違う値となっていることが分かります。また、平成20事務年度実績で、調査の結果申告内容に誤り等があった割合（非違割合）は85.1％，重加算税賦課割合は17.1％と、いずれも高い数値となっています。相続税申告の難しさを示している数値ではないかと思われます。

(2) 調査割合が高い理由

相続税の調査割合が高いのは、主として以下の二つの理由にあると考えられます。

① 相続税が被相続人の一生涯の所得の精算課税という色彩を帯びており、課税の最後のチャンスと考えられ、課税漏れを避けなければならないため。

② 税務署等の資産課税部門の調査対象税目のうち、譲渡所得の申告状況が低調であることから、そこに投入していた調査人員を相続税調査に充てているため。

(3) 相続税調査のタイミング

相続税の調査は申告後概ね半年から2年以内に行われます。時期は秋（8月下旬〜12月上旬）に最盛期を迎え、年明けの確定申告の時期は一時休止し、春以降再開します。他税目でも概ね同様の傾向がありますが、相続税調査においても税務署は人員・日数ともに十分投入可能な秋に申告漏れや不正が見込まれる事案を選定する傾向があります。

申告後は、申告内容を裏付けるような資料の整理を行うなど万全の態勢で調査を待つようにすると何かと安心でしょう。

Q79

「サラリーマン家庭でも税務調査を受ける？」

先日亡くなった夫は平凡なサラリーマンで，収入も多くなかったため確定申告すらしたことはありませんでしたが，偶々約20年前に相続した不動産の価値が上がり，相続税の申告をしなければならなくなりました。申告そのものは税理士に依頼しましたが，その際，「相続税は調査の対象となる確率が高いので注意して」と言われました。資産家でもない平凡なサラリーマン家庭であるうちのようなところにも，税務署はやってくるのでしょうか？

A 相続税の税務調査対象者の選定は，財産の価額，財産の内容，過去の所得税・贈与税の申告状況，相続税申告書の内容，税務署で入手した各種資料等を総合的に勘案して行っており，サラリーマン家庭であるかどうかというのは調査対象者選定の際の重要な判断要素にはなりません。したがって，残念ながらサラリーマン家庭であっても調査対象に選ばれる可能性はあります。

(1) 最近の調査の動向

前問でみたとおり，相続税の調査割合は他税目と比較して高い数値となっています。また，最近の調査事績を見てみると，海外資産調査及び無申告事案調査に注力していることが分かります。

Ⅳ　相続税調査の実際と対応策　Q79

○　海外資産調査及び無申告事案調査の状況（平成20事務年度）

	海外資産調査	無申告事案調査
調　査　件　数	475件	555件
申告漏れ等の件数	377件	467件
非　違　割　合	79.4％	84.1％
申告漏れ課税価格	353億円	661億円

（出典）　国税庁ホームページ

　無申告事案は税務署で収集した資料等を基に調査対象を選定していると考えられ，また，このような調査事績を公表することにより，特に基礎控除額を少し超えるレベルの納税者が抱きがちな「これくらいであれば申告しなくてもバレないのではないか」という甘い見通しを打ち砕く効果があるかもしれません。

(2)　課税価格階級と相続税調査

　次に，相続税の課税価格階級別被相続人数の統計を示しておきます。

○　相続税の課税価格階級別被相続人数（平成19年度国税局別）

（単位：人）

	1億円以下	1億円超	2億円超	3億円超	5億円超	7億円超	10億円超	20億円超	合　計
東　　京	3,023	6,354	2,109	1,505	568	432	392	132	14,515
大　　阪	1,694	3,648	1,222	802	234	151	85	28	7,864
名 古 屋	1,426	3,664	1,157	687	211	110	57	14	7,326
関東信越	1,331	3,212	915	569	195	136	101	14	6,473
そ の 他	2,358	5,479	1,555	845	231	100	58	16	10,642
全 国 計	9,832	22,357	6,958	4,408	1,439	929	693	204	46,820

（出典）　国税庁ホームページ

　上記から，課税価格が2億円未満の申告が全体の7割弱（32,189件）を占め，20億円超の富裕層はわずか0.44％（204件）に過ぎないことが分かります。

　財産内容や管轄税務署などにより一概に言えませんが，課税価格が3億円超

221

（上位16％強）の申告については，調査の可能性が非常に高くなるものと考えられます。

Q80

「相続税調査対策は相続開始前から始まっている？」

先日亡くなった父の遺産分割協議が調い，次は相続税の申告を行わなければならないということで，取引先の銀行に紹介された税理士に申告業務を依頼しました。その税理士が言うには，相続税の申告については調査される可能性が高いこと，また，税務調査を受けないような申告書を作成するには，相続開始前から準備する必要があるとのことでした。今更過去のことをどうこう出来るものではありませんが，申告期限まで間がない今の時期からでも間に合うような相続税の税務調査対策を教えてください。

A 相続税の申告者にとって，税務調査への対応は頭の痛い問題です。最大の税務調査対策は「適正な申告」であり，適正な申告を行っていれば，特に税務調査を恐れる必要はありません。

(1) 適正な申告とは

税務署が調査対象を選定する基準は一概には言えませんが，その際の基礎的かつ中心となる資料は相続税の申告書であると思われます。申告書に単純な計算誤りがある場合は勿論のこと，申告内容と添付資料に齟齬がある場合や資料が不十分な場合（特に財産評価について）には，調査対象に選定される確率が高まります。逆にいえば，一般に，申告内容とそれを裏付ける資料とがきちんと整理され，申告内容の理解が容易で，納税者や税理士に申告内容を問い合わせる必要がないと思わせるような申告書を作成すれば，課税価格が高額でない限り，調査対象から外される可能性が高くなると言えるでしょう。

適正な申告こそ，最大の税務調査対策と言われるゆえんです。そのためには，申告内容を裏付ける資料の整備が不可欠で，被相続人の生前からその収集を意識しておくことが重要です。その意味で，相続税調査対策は相続開始前から始

まっていると言えます。

(2) 相続税調査の重点項目の例示

相続税調査の際の重点項目の例と留意点を掲げると以下のようになります。

① 名義預金

相続税の税務調査で必ずと言っていいほど問題となるのは名義預金です。これについては次問で詳説します。

② 資料箋

税務署は法律で提出が義務付けられている資料（法定資料）のほか、所得税や贈与税の申告書、被相続人や相続人が株主となっている同族会社の法人税の申告書、財産債務明細書といった申告資料、不動産業者や金融機関等への調査に基づき入手した資料など、様々な機会に収集した資料（資料箋）を名寄せし、相続税の申告内容の確認及び調査対象の選定に役立てています。資料箋は税務署にとって申告漏れ財産発見の端緒となる重要なツールです。

したがって、そのような資料の内容が相続税の申告に反映していないと税務署に疑義を持たれますので、仮にそのような資料と申告内容が異なる場合には、その理由は何か解明し、税務署から問い合わせを受けたときは明確に回答できるように事前に準備しておくことが肝要です。

③ 家庭用財産

人が何十年も暮していれば、その過程で様々な生活にまつわる家財道具等の家庭用財産を蓄積していくものです。その価値は一つ一つ取ってみればそれほど高額ではないかもしれませんが、全部まとまれば数百万円にも上るのが通常です。したがって、電話加入権なども含む家庭用財産を計上していない申告書は不自然であるとして、税務署からの問い合わせの対象となることは必至と言えましょう。同様な考え方で、手許現金も忘れずに計上しましょう。

Q81

「税務調査では名義預金が必ず調べられると聞くが？」

税理士の書いた相続税の本を読むと，相続税の調査においては，名義預金が必ず調べられると書いてあります。これは具体的にはどういうことなのでしょうか？

A　名義預金とは，一般に，形式的には被相続人の親族である配偶者，子供や孫などの名義で預金をしているものの，その資金源が被相続人の収入であるような場合，当該預金の真の所有者はその資金源である被相続人であるというように，被相続人が親族の名義を借りて行っている預金を指します。

(1) 名義預金と課税

　相続税の課税財産は，被相続人に属した金銭に見積もることのできる経済的価値のあるものすべてを指しますので，名義は別人のものであっても，実質的に被相続人に属している預貯金と認められるものは，被相続人の課税財産に該当します。名義預金として典型的なものは，親が自らの収入から貯めていった子名義の預金で，預金通帳及び印鑑を親自らが管理しているようなものです。このような預金は，生前親が子に知らせずに作成してしまうため，相続時に初めて名義人である子がその存在を知るケースが多く見られます。親が亡くなった時，当該預金は親の相続財産に含まれます。

　名義人に預金残高に見合った十分な収入がないような場合には，税務署は調査で名義預金を問題にする可能性が高いと言えます。

　同様な財産に，被相続人が自らの収入で購入した親族名義の有価証券（名義株式）があります。

(2) 名義預金と贈与

　名義預金でよく問題となるのは，当該預金は被相続人から親族への贈与なのではないかという点です。例えば，8年前に作成した定期預金の名義が子供のものになっている場合，作成時点で既に贈与がなされており，かつ，贈与税の申告は行っていないものの決定の除斥期間（法定申告期限から5年，通法70③）は経過しているため，贈与税の課税もできないはずだという主張を相続人が行う場合があります。

　民法上，贈与は諾成契約（民法549）ですので，贈与者のみの一方的な意思表示のみでは贈与は成立しません。したがって，親が勝手に子供名義の預金を作成し，通帳及び印鑑を管理しているようなケースでは，贈与はそもそも成り立っていないものと考えられます。贈与そのものが成立していない預金については，被相続人の相続財産に加算するよりほかないこととなります。

　名義預金は相続人の与り知らぬところで作成されている場合が多いので，申告時及び税務調査時のトラブルを回避するため，贈与する場合には受贈者に贈与の意思を明確に伝え，必要であれば贈与税の申告を適切に行うことが必要でしょう。

(3) 名義預金と贈与税の申告

　名義預金を相続財産に取り込まれるよりも，実際に贈与を行って贈与税の申告を行う方が，税負担の面で有利になることがあります。

【設　例】
- 長男名義の預金：500万円
- 相 続 財 産：30,000万円（上記を除く）
- 相　続　人：長男・長女

---

① 名義預金と判定される場合

　相続財産30,500万円

　　→　相続税：6,000万円＋贈与税：0＝6,000万円

Ⅳ　相続税調査の実際と対応策　Q81

② **長男への贈与とされる場合（加算税や延滞税を考慮しない）**

相続財産30,000万円

→　相続税：5,800万円＋贈与税：53万円＝5,853万円

上記より，贈与の場合の方が147万円税額が少なくなります。

Q82

「税務署から求められた『相続財産以外の所有財産』は提出しなければならない？」

父親がある程度まとまった財産を残して亡くなったため、税理士に依頼して相続税の申告書を作成して申告期限までに税務署に提出しました。ところが、先日税務署から調査官が二名現れ、各相続人の「相続財産以外の所有財産」なる書類を作成して提出せよと求められました。果たしてこのような書類を提出しなければならないのでしょうか？

A

税務署が相続税の調査において各相続人に「相続財産以外の所有財産」なる書類を提出させる意味は何なのか、少し考えてみましょう。

(1) 書類提出の依頼と根拠法令

税務署から提出を依頼される書類には、法令上の根拠のあるもの（法定文書）とないもの（法定外照会文書）とがあります。法令上の根拠のあるものは、例えば、財産債務明細書（所法232）、不動産の使用料等の支払調書（所法225）等があります。また、法令上の根拠のないものとして、「譲渡内容についてのお尋ね」や本件「相続財産以外の所有財産」等があります。なお、中には「法人事業概況説明書」のように、従来提出が任意であったものが平成18年から法定化されたものもあります（法規35四）。

法令上の根拠のないものの提出はあくまで「任意」ですので、申告書で申告内容が十分に根拠づけられていると判断する場合などは、提出する必要はないでしょう。

(2) 「相続財産以外の所有財産」の提出依頼への対処

それでは、税務署は何故「相続財産以外の所有財産」の提出を求めるので

Ⅳ 相続税調査の実際と対応策 Q82

しょうか。前問で見たとおり，相続税の申告においては，名義預金等の，親族名義の財産の中に実質的に被相続人に帰属すべき財産が含まれているケースが少なくないため，相続人の財産内容も把握すべきというのが税務署側の意図と考えられます。

　税務署側のこのような理屈にも一理ありますが，一方で，この考え方は限りなく拡大解釈が可能な危険な論理とも言えます。すなわち，相続税の調査はあくまでも相続財産の調査であって，相続人固有の財産をも調査するのはやり過ぎと考えられるからです。これが許されるのであれば，相続税の調査で富裕層の所得税等他税目の調査まで可能となります。

　「相続財産以外の所有財産」の提出依頼は，相続税の調査に関する質問検査権（相法60）の行使であるという考え方もあります（質問検査権については，Q85参照）。しかし，質問検査権は「客観的な必要性が認められるとき*」に行使できると解されており，客観的な必要性が認められない場合に質問検査権を行使することは違法です。調査範囲が無限定に拡大する恐れのある「相続財産以外の所有財産」の提出依頼は，質問検査権の行使としても不適切であると考えられます。税務署側は，機械的にこのような書類の提出を求めるのではなく，銀行等の調査により把握された事実と申告内容が異なるなど，相続人の財産を調査しなければならないとする十分な根拠を明確に示すことにより，納税者に調査の必要性の理解を求めることが肝要であると考えます。

（注）　金子宏『租税法（第十二版）』647頁。

(3) 「相続財産以外の所有財産」の提出依頼への対処

　上記より，相続税の申告書で申告内容が十分に根拠づけられていると判断する場合には，当該書類の提出は拒否しても問題ないと思われます。

　なお，当該書類を提出しない場合，税務調査への悪影響を懸念する向きもあるかとは思いますが，申告内容に自信があればそのような心配は御無用ということです。

Q83

「任意調査である税務調査は拒否できるか？」

長引いていた遺産分割協議もようやく終了し，なんとか申告期限までに相続税の申告書を提出することができました。ホッとしていたところ，突然税務署から連絡があり，申告内容について確認したいことがあるとのことで，現在日程の調整をしているところです。聞くところによれば，税務調査というのは「任意調査」ということだそうです。と言うことは，納税者サイドとしては拒否することもできると思うのですが，どうでしょうか？

A お尋ねのとおり税務調査は一般に「任意調査」であるとされていますが，この「任意」の意味を誤解している向きが多いようです。

(1) 任意調査の「任意」の意義

任意調査とは，強制調査と対になる用語です。相手方の意に反してでも，裁判所の許可を得て臨検・捜索又は差押を行う強制調査（査察がその典型です）とは異なり，任意調査の場合，調査官の質問に答えるかどうか，検査（調査）に応じるかどうかは，調査を受ける納税者の自由です。ただし，調査官からの質問に対して答えなかったり，検査（調査）に対して拒否・妨害を行うと，刑罰が科されることとなっています（相続税調査の場合は，相法70）。

任意調査には，強制調査のように，納税者の意向を無視してでも強制的に権力を行使する「直接の強制力」はありませんが，適法な調査である限り納税者がその行使に関して受忍する義務があり，違反した場合には刑罰が科されると言う意味で，「間接の強制力」があるとされています（間接強制）。

なお，税務署等の調査官に与えられた，任意調査におけるこのような権限を質問検査権と言います。

(2) 任意調査への対処方法

　任意調査の意義と質問検査権の潜在的な強制力については上記(1)で説明したとおりです。したがって、「任意」調査であるからと言って調査を拒否することは事実上不可能です。

　一方、税務署サイドも、質問検査権の強権性をあからさまにするのは避ける傾向にあります。税務調査は納税者の協力があって初めて円滑に進行するもので、強権的な態度を見せて納税者の態度を硬化させるのは、限られた時間で効率的に調査を進める上で、百害あって一利なしということをよく理解しているためであると考えられます。

　それゆえ、納税者サイドも、よく整備された分かりやすい申告書の作成に努めるとともに、調査の際には、調査官の質問内容をよく理解し、適時的確に答えられるようにするのが、結局調査をうまくやり過ごすコツだと思われます。そのためには、調査の前に申告書の作成を依頼した税理士とよく相談することが何よりも重要です。

Q84

「海外にある資産は調査できない？」

先日テレビで，海外のタックスヘイブンの銀行を利用したタックスプランニングをテーマにしたドラマを見ました。日本の税務当局はそのような銀行の調査を行う権限がないため，税金を逃れた資金をみすみすやり過ごしてしまうようなことになっていましたが，もしドラマの内容が本当であれば，わが国の財政にとって深刻な影響を与える可能性があります。実際のところ，海外の資産の調査はどうしているのでしょうか？

A かつて映画やドラマで描かれていた脱税事件は，現金や資産を国内でいかに隠すかというものでしたが，近年のドラマでは，財産を海外に移転させてしまうというものが多いようです。

(1) タックスヘイブンの実態

タックスヘイブン（tax haven）と言えば，カリブ海に浮かぶ小島や香港，シンガポール，スイス，リヒテンシュタインといった国・地域が有名です。それらの国・地域は表向きリゾート地・観光地としての顔を持つ一方，裏の顔として金融センター，法律・税務・会計分野の専門家サービスセンターとしての性格をも併せ持つという特徴があります。タックスヘイブンは国土も狭く資源も限られており，観光以外にめぼしい産業もないため，税の軽減により世界中から資金を集め，金融センターとして立国していくというのが国の根本政策と言えるのではないかと思われます。

従来，わが国ではタックスヘイブンというものはごく限られた富裕層や大企業の間で知られている存在でしたが，近年はタックスヘイブンを採り上げた書籍がいくつも発行されるなど，広く知られる存在となりつつあります。

Ⅳ　相続税調査の実際と対応策　Q84

(2)　相続税・贈与税と海外調査

　法人税や所得税の世界では，高度成長期以降タックスヘイブンを利用した租税回避スキームが徐々に生まれ始め，それに対処するため，1978年にタックスヘイブン対策税制が導入されました。同税制導入後，国税当局は国税局調査部（主として大企業の法人税調査を担当）を中心に海外取引調査に注力し，現在ではかなりのノウハウを蓄積しています。

　一方，相続税・贈与税については，バブル期以降，相続税・贈与税のない海外に子弟を留学させその子らに財産を移転させるというシンプルな租税回避プランが富裕層の間に出回り，実行するケースが横行しました。1998年に外為法が改正され海外送金が緩和されたのを受けて，国税当局もようやく重い腰を上げ，2000年にそのような租税回避に対処するため，納税義務者の判定において，その住所だけでなく日本国籍の有無や納税義務者と被相続人の5年以内の継続した住所地をも判断基準とした改正が行われました（Q45 参照）。

　当該税制導入後，相続税調査を担当する資産課税部門も海外に所在する財産の調査に注力するようになりました。

(3)　情報交換規定の整備

　さらに，国税当局は，海外調査のネックとなっていた，海外での調査権限行使の制限を補完するため，租税条約の改定作業を進め，情報交換規定の整備に努めています。

233

○ 近年の主たる租税条約の改定と情報交換規定

年　　月	条　約　名	内　　容
2010年5月議定書署名	新日本・スイス租税条約	税務当局に金融機関に情報開示させる権限を付与
2010年5月基本合意	日本・ケイマン諸島租税協定	情報交換規定の新設
2010年3月基本合意	日本・香港租税協定	情報交換規定の新設
2010年2月議定書署名	新日本・シンガポール租税条約	情報交換規定の整備
2010年2月署名	日本・バーミューダ租税協定	情報交換規定の新設
2010年1月議定書署名	新日本・ルクセンブルク租税条約	情報交換規定の整備

（出典）　財務省ホームページより作成

　これらの規定がうまく運用されるようになれば，相続税・贈与税についても，海外に財産を移転させ課税を逃れるスキームが相当程度封じられることが予想されます。

IV　相続税調査の実際と対応策　Q85

Q85

「修正申告の慫慂（しょうよう）には応じなければならない？」

　父親に続き母親も昨年亡くなり，相当額の遺産を引き継いだので，今春に相続税の申告を済ませました。ところがお盆明けに早速税務署から連絡があり，申告内容を確認したいと言うことで，申告を依頼した税理士とともに調査を受けました。調査が終了し数点指摘を受けましたが，その中で一点だけどうしても納得がいかない事項がありました。税理士は「税額がそれほど多額でもなく，また，税務署と争っても時間とコストがかかるばかりで割に合わないから，修正申告に応じた方がいい」と言っていますが，納得いかない事項があっても，この税理士の言うとおりにした方がいいのでしょうか？

A　調査の終了時に税務署から提案される修正申告の慫慂ですが，それに応じるかどうかの判断はなかなか難しいところです。

(1) 修正申告の慫慂とは

　修正申告とは一般に，納税義務者が申告を行った後，申告に係る税額が本来支払うべき金額より少ないことに気付いた場合，本来支払うべき金額に修正すべく行う申告です（通法19①一）。修正申告は本来，納税者が自ら誤りに気付いたときに自主的に行うものですが，それ以外の，税務調査の結果納付すべき税額が増額したとされる場合，税務署の求めに応じ提出するケース（修正申告の慫慂）が常態的に見られます。

(2) 修正申告の慫慂の問題点

　修正申告の慫慂については，税務署の更正処分であれば当該処分に不服がある場合異議申立等を経て訴訟へと進む救済手続きが受けられるのに対し，「自

主的な」修正申告の場合そのような救済がないことへの批判がかねてから指摘されています*。

> (注) 修正申告の慫慂（勧奨による修正申告）に関する問題点については，例えば，占部裕典『租税債務確定手続』3－38頁参照。なお，法人税及び所得税の青色申告者の場合，更正処分に際しては更正の理由が付記されることとなっていますが（所法155②，法法130②），相続税法にはそのような規定がありません。

(3) 修正申告の慫慂が生じる理由

税務署が修正申告の慫慂を多用する理由は，実地調査割合（実調率）の向上と深度ある調査という，二律背反する事項の両立という厳しい命題を突きつけられているということになるでしょうか。すなわち，更正処分を行った後，権利救済（不服申立）の過程で当初の処分が覆されるリスクを抑えようとすれば，税務当局は一件の調査に今以上の人員・日数をかけざるを得ず（深度ある調査），行財政改革の最中限られた人員で効率的な調査を行わなければならないという要請はどうしても達成困難となります。そのため，更正処分の代替的手段として，多少その内容に法的な粗があってもネゴにより調査を完結させられる修正申告の慫慂を多用するという事態になるものと考えられます。

また，納税者サイドから見ても，ストレスのたまる税務調査から早く解放されたいという心理が，多少不満があっても税務署と「手打ちして」修正申告の慫慂に応じるという方向に導かれるものと思われます。

(4) 修正申告の慫慂への対応

税務調査は，受ける側にとって，特に普段受ける機会のない相続税の納税義務者にとっては，大変負荷のかかる出来事（災難？）です。税務署側と不必要に感情的に対立し調査を長引かせるのは得策とは言えないでしょう。しかし，仮に納得にいかない点があるのにもかかわらず，修正申告の慫慂に応じれば，以後それに対して異を唱える機会は永遠に失われてしまいます*。どうしても税務署側の調査内容に納得にいかない点があるのであれば，不服申立の権利を放棄してしまうこととなる修正申告の慫慂に応じることは避けるべきでしょう。

Ⅳ　相続税調査の実際と対応策

（注）　申告期限から1年以内であれば更正の請求が可能で，また，その期限を途過した場合には不当利得返還請求訴訟等の提起という方法が一応存在します。しかし，納税者の権利救済措置を定めた国税通則法は，修正申告の慫慂を（一応）受け入れた納税者に対する救済措置を考慮しておらず，占部前掲書31頁によれば「法の欠缺状態」にあります。

　確かに訴訟まで持ち込むとしたら費用面でかなりの負担になることが想定されます。しかし，その前段階である異議申立・審査請求まででしたら，費用は比較的限定されます。税理士ともよく相談して，対処方針を早急に固められることをお勧めします。

Q86

「贈与税の調査は行われる？」

ある政治家が親から多額の資金を贈与されていたにもかかわらず、それについて申告がなされず、また、税務署がそれを調査したという形跡もなかったことが以前問題となりました。その事件から素人考えで感じたのは、贈与というのは税務署でもその事実を把握することがなかなか難しいのではないかということです。贈与税の調査はまず行われないと考えてよろしいでしょうか？

A 確かにその事件は、多くの国民が驚きを持って受け止めたもので、お尋ねのような疑問を持たれるのももっともではないかと思われます。

(1) 贈与の事実の把握方法

税務署が贈与の事実をどのように把握しているのかは、外部に公表されているわけではないので想像するよりほかありませんが、例えば以下のような方法があるのではないかと考えられます。

① 「お尋ね」による把握

Q84でも触れましたが、税務署は課税対象となる事実を把握するため、法令で定められた資料以外も積極的に収集しています。そのうちのひとつ、「お買いになった資産の買入価額についてのお尋ね」は、税務署が法務局から通知される不動産登記の移転の情報を基に、不動産を取得した者に送付するものです。これにより、税務署は不動産取得資金の出所を把握し、その内容に疑義があるときは贈与税の調査を行うことがあります。

② 申告書等による把握

例えば、法人税の申告書（別表二）の株主や持株数の変更があった時、それが株主の所得税や贈与税の申告に反映されていないときは、それを確認すべく

調査することがあります。

③ 税務調査による把握

例えば不動産会社への調査を行った際、そこに保管されている（移転登記手続未了の）不動産の売買契約書を収集し、それが売買当事者間の所得税や贈与税の申告に反映されていないときは、それを確認すべく調査することがあります。

(2) すべての贈与の事実を把握することは現状不可能

上記のように、税務署は課税対象となり得る資料収集に努めていますが、銀行預金の国内送金や資金移転を原則として把握できないなど、すべての贈与の事実を把握することは現状不可能となっています。

なお、将来的には、納税者番号制度の導入で状況が変わる可能性があります。

Q87

「不動産鑑定士の鑑定評価を税務署は無視できる？」

先日亡くなった父親の相続税の申告書を現在作成しているところですが，相続財産の中に数筆の土地が含まれています。現在その土地が所在する地方都市は不況で企業が次々撤退しており，不動産の実勢価格は大幅に下落していると考えられますが，相続税の評価額である路線価はそのような実態とかけ離れた金額となっています。税理士と相談したところ，「路線価による評価が無難であるが，不動産鑑定士の鑑定評価により評価額を下げる余地はある。しかし，それを税務署が受け入れるとは限らない。」と言われました。不動産評価の専門家である不動産鑑定士の評価を，失礼ながら専門家ではない税務署の担当者が否定するのは行き過ぎではないかと思うのですが，いかがでしょうか？

A 最近はやや落ち着いてきたものの，バブル崩壊以降，土地に関し，実勢価格を路線価や固定資産税評価額が上回る，いわゆる「逆転現象」が全国的に見られるようになりました。それに対処するため，相続税の申告においても不動産鑑定士による鑑定評価の重要性が高まりましたが，鑑定評価を課税当局が受け入れるケースは未だ少ないのが現状です。

(1) 相続税法と時価の意義

相続税法では，財産の価額は取得時における時価で評価するとありますが（相法22），通達で時価とは評価通達の定めによって評価した価額であるとし（評基通1(2)），土地については原則として路線価を用いることとしています。

さらに，相続税の課税価格の基礎となる路線価は，公示価格の8割程度を基準に評価していると一般に言われています*。

(注) 品川芳宣・緑川正博『徹底討論　相続税財産評価の論点』76頁。

Ⅳ　相続税調査の実際と対応策　Q87

ところが，近年の経済環境の激変により，一部の土地については，路線価等が実勢価格を大幅に上回り，それに基づき相続税を計算し申告を行うと，実態からかけ離れた過重な税負担を強いるケースも散見されます。このような現象は，長引く不況による企業等の撤退で，不動産需要が急激に落ち込んでいるにもかかわらず，近隣の売買事例等がほとんどないため，路線価等にそれがほとんど反映しない地方の主要都市で特に深刻な事態となっているようです。

(2) 不動産鑑定士による鑑定評価の意義

このような事態を正すほぼ唯一の手段が，不動産鑑定士による鑑定評価を取得し，そこに示された価格が不動産の時価として路線価等よりも適切であるという旨の申告を行うことです。

ところが，不動産鑑定士の評価を提出すればそのまま税務署がそれを受け入れるかと言えば，そのようなケースは非常に少ないようです。それは，①税務署の職員は通達に定められた評価額である路線価を遵守することが職務上求められているため，また，②仮に納税者の主張に分があるとした場合であっても，税務署サイドは独自に不動産鑑定士に鑑定評価を依頼し，路線価が時価を上回っていることを確認するという手続きを経ないと納税者の主張を受け入れることができないため，と考えられます。

(3) 「逆転現象」への対処方針

不動産鑑定評価は費用もかかる上，それが認められるとは限らないという厳しい状況にありますが，路線価が不当に高い（「逆転現象」が生じている）と考えられる場合には，路線価問題に精通した不動産鑑定士に鑑定評価を依頼して税務署と対抗するよりほかないと思われます。

参 考 文 献

中川昌泰監修『遺産分割と相続発生後の対策(四訂版)』大蔵財務協会
青木惠一著『医療法人の相続・事業承継と税務対策』税務研究会出版局
山本和義著『タイムリミットで考える相続税対策実践ハンドブック』清文社
御器谷修他著『Q&A遺産分割の実務』清文社
高橋朋子・床谷文雄・棚村政行著『民法7親族・相続』有斐閣
内田貴著『民法Ⅳ(補訂版)親族・相続』東京大学出版会

索　引

(あ)

按分割合 …………………… 159, 173

(い)

遺産分割協議 …………………… 4, 29, 39
遺産分割協議書 …………………… 4, 29
遺贈する …………………………… 111
遺留分 …………………………… 124, 141
遺留分(の)減殺請求権 …………… 4, 142
遺留分の放棄 …………………… 142, 155
医療法人化 ………………………… 202
印鑑証明 ……………………………… 19

(え)

延納 …………………………………… 83

(お)

おひとりさま ……………………… 144

(か)

会社分割 …………………………… 180
改製原戸籍謄本 …………………… 19
確定損失申告書 …………………… 52
貸家建付地 ………………………… 190
家族葬 ……………………………… 150
形見分け …………………………… 137
家庭用財産 ………………………… 224
換価分割 ……………………………… 48
間接強制 …………………………… 230
鑑定評価 …………………………… 241
還付加算金 ………………………… 53
還付申告書 ………………………… 52
還付税額 …………………………… 53
管理不適格財産 …………………… 38

(き)

基金拠出型医療法人 ……………… 203
議決権 ……………………………… 180
基礎控除額 ………………………… 81
寄附 ………………………………… 146
逆転現象 …………………………… 240
求償権 ……………………………… 87
給与所得控除 ……………………… 186
強制調査 …………………………… 230
共同相続人 ………………………… 87
居住無制限納税義務者 …………… 126
居住用不動産の贈与の特例 ……… 132

(く)

グループ法人税制 ………………… 107

(け)

経営承継円滑化法 ………………… 181
経営承継期間 ……………………… 184
経過措置型医療法人 ……………… 203
限定承認 ……………………………… 3
検認 ………………………………… 14

(こ)

後見 ………………………………… 98
公正証書 ……………………………… 3
公正証書遺言 ……………………… 72
更正の請求 ………………………… 91
更正の請求の特則 ………………… 91
功績倍率方式 ……………………… 209
広大地の評価減 …………………… 190
国税庁長官の承認 ………………… 147
戸籍謄本 …………………………… 19
固定合意 …………………………… 182

（さ）

- 財産管理 …………………………… 98
- 財産目録 …………………………… 14
- 祭祀財産 …………………………… 23
- 祭祀の主宰 ………………………… 24
- 債務控除 ………………… 28, 112, 135

（し）

- 事業継続要件 …………………… 184
- 事業用資産の買換えの特例 …… 197
- 資産運用型会社 ………………… 183
- 資産管理会社 …………………… 183
- 資産保有型会社 ………………… 183
- 事実婚 …………………………… 170
- 質問検査権 ……………………… 230
- 自筆証書遺言 ……………………… 71
- 死亡保険金 ………………………… 75
- 資本政策 ………………………… 179
- 社葬費用 ………………………… 195
- 修正申告の慫慂 ………………… 235
- 修正申告の督促 ………………… 115
- 住宅取得等資金の贈与 ………… 156
- 出資持分の譲渡 ………………… 213
- 出資持分の払戻し ……………… 214
- 取得費加算の特例 ………… 90, 161
- 準確定申告 …………………… 3, 51
- 小規模企業共済 ………………… 177
- 小規模宅地等の特例 …… 37, 46, 118
- 情報交換規定 …………………… 233
- 除外合意 ………………………… 182
- 除斥期間 ………………………… 226
- 除籍謄本 …………………………… 19
- 資料箋 …………………………… 224
- 身上看護 …………………………… 98

（せ）

- 制限納税義務者 …………… 113, 126
- 生前贈与 …………………… 67, 131
- 成年後見制度 ……………………… 96

（そ）

- 葬式費用 ………………………… 112
- 相次相続控除 …………………… 174
- 争続 ………………………………… 34
- 相続欠格 …………………………… 26
- 相続財産以外の所有財産 ……… 228
- 相続財産管理人 ………………… 144
- 相続財産法人 …………………… 144
- 相続させる ……………………… 111
- 相次相続控除 …………………… 104
- 相続時精算課税制度 … 67, 154, 200
- 相続税の取得費加算の特例 ……… 37
- 相続人の廃除 ……………………… 70
- 相続人不存在 …………………… 144
- 相続分の譲渡 ……………………… 39
- 相続放棄 ………………………… 3, 28
- 贈与税額控除 …………………… 174
- 措法40条 ………………………… 147

（た）

- 第一次相続 ……………………… 103
- 第二次相続 ……………………… 103
- 第五次医療法改正 ………… 203, 211
- 代償金 ……………………………… 45
- 代償債務 ………………………… 166
- 代償分割 ………………… 35, 45, 46, 173
- 退職金 …………………………… 177
- 退職所得 ………………………… 210
- 退職所得控除 …………………… 177
- 諾成契約 ………………………… 226
- タックスヘイブン ……………… 232
- 嘆願書 ……………………………… 94
- 団体信用生命保険 …………… 9, 136
- 単独行為 ………………………… 139

（ち）

- 直葬 ……………………………… 150

（と）

特定遺贈 …………………………………110
特定居住用宅地等 ………………………118
特定事業用宅地等…………………37, 118
特定資産 …………………………………183
特定受贈者 ………………………………157
特定贈与財産 ……………………………174
特定同族会社事業用宅地等 ……………119
特定納税義務者 …………………………126
特定物納……………………………………84
特別縁故者 ………………………………144
特別代理人の選任 ………………………153
特別養子制度………………………………82
特例農地 …………………………………130

（に）

二割加算 …………………………………164
任意後見制度……………………………96, 99
任意調査 …………………………………230
認知…………………………………………70

（の）

農業相続人 ………………………………130
農業投資価格 ……………………………129
農地等の相続税の納税猶予………………38

（は）

配偶者に対する相続税額の軽減…………36
配偶者の相続税額の軽減 ………………104

（ひ）

非居住無制限納税義務者 ………………126
秘密証書遺言………………………………72

（ふ）

夫婦財産契約 ……………………………170
物納…………………………………………38, 84
不動産鑑定士 ……………………………241

不動産管理会社 …………………………185

（ほ）

包括遺贈 …………………………………110
法定後見制度………………………………96
法定相続人 ………………………………124
保佐…………………………………………99
補助…………………………………………99

（み）

みなし譲渡所得課税 ……………………147
みなし相続財産……………………………76
未分割財産 ……………………………32, 36

（め）

名義株式 …………………………………225
名義預金 …………………………………225

（ゆ）

遺言執行者…………………………………13
遺言信託…………………………………13, 43
有期定期金………………………………65, 80

（よ）

養子…………………………………………81

（り）

利益相反行為 ……………………………153

（れ）

暦年課税 …………………………………200
暦年贈与……………………………………67
連帯納付義務………………………………87
連帯保証……………………………………27
連年贈与…………………………………65, 131

（ろ）

路線化 ……………………………………240

著者紹介

安部 和彦（あんべ・かずひこ）

昭和42年大阪市生まれ。
平成2年東京大学文学部卒業。
同年国税庁入庁。調査査察部調査課、名古屋国税局調査部、関東信越国税局資産税課、国税庁資産税課勤務後
平成9年から外資系会計事務所勤務
平成18年安部和彦税理士事務所・和彩総合事務所開設、現在に至る。
医師・歯科医師向け税務アドバイス、相続税を含む資産税業務及び国際税務を主たる業務分野としている。

【著 書】
『事例でわかる病医院の税務・経営Q&A』税務経理協会

【主要論文】
「わが国企業の海外事業展開とタックスヘイブン対策税制について」『国際税務』2001年12月号
「タックスヘイブン対策税制の適用範囲－キャドバリー・シュウェップス事件の欧州裁判所判決等を手がかりにして－」『税務弘報』2007年10月号
「成年後見制度と税理士の役割」『税経通信』2010年7月号

【ホームページ】
http://homepage2.nifty.com/wasai-consultants/index.html

著者との契約により検印省略

平成22年10月1日 初版発行

Q&A 相続税の申告・調査・手続相談事例集

著　者	安　部　和　彦
発行者	大　坪　嘉　春
印刷所	税経印刷株式会社
製本所	牧製本印刷株式会社

発行所　東京都新宿区下落合2丁目5番13号　株式会社 税務経理協会
郵便番号 161-0033　振替 00190-2-187408　電話(03)3953-3301(編集部)
FAX(03)3565-3491　(03)3953-3325(営業部)
URL http://www.zeikei.co.jp/
乱丁・落丁の場合はお取替えいたします。

© 安部和彦 2010　　　　　　　　　　　　　　　Printed in Japan

本書を無断で複写複製（コピー）することは、著作権法上の例外を除き、禁じられています。本書をコピーされる場合は、事前に日本複写権センター（JRRC）の許諾を受けてください。
JRRC(http://www.jrrc.or.jp　eメール:info@jrrc.or.jp　電話:03-3401-2382)

ISBN978-4-419-05558-5　C2032